JN255482

宇高良哲著

触《ふれ》頭《がしら》制度の研究

青史出版

目　次

第一章　諸宗江戸触頭成立年次考……一
はじめに……一
一　諸宗江戸触頭一覧……二
二　諸宗江戸触頭の成立と変遷……八
1　天台宗……八
2　浄土宗……九
3　真言宗……一三
イ　新義真言宗……一三
ロ　古義真言宗（高野山）……一四
ハ　古義真言宗（関東）……一六
ニ　関東真言律宗……一六
4　臨済宗……一七
イ　五山派……一七
ロ　妙心寺派……一八

目次

ハ　大徳寺波……二〇
5　曹洞宗……二一
6　黄檗宗……二四
7　日蓮宗……二六
8　浄土真宗……二八
イ　西　派……二八
ロ　東派等……二八
三　諸宗江戸触頭の類型……三〇
まとめ……三二
第二章　新義真言宗江戸四箇寺の確立……三五
一　江戸四箇寺の成立……三五
二　江戸四箇寺の成立年次……四二
三　江戸四箇寺制度の確立……五一
まとめ……五七
第三章　天台宗の初期の執当最教院晃海と双厳院豪俔の役割について……五九
──特に紛争時の対応を中心に──

一　最教院晃海の略歴……五九
二　南光坊天海生前の晃海……六三
三　天海没後の晃海……七〇
四　最教院晃海と双厳院豪倪……七五
まとめ……七八
第四章　浄土宗の触頭制度……八一
一　浄土宗触頭の成立……八一
1　増上寺役者の成立……八一
2　諸国触頭寺院の成立……九〇
二　浄土宗諸国触頭寺院……九五
1　触頭寺院一覧……九五
2　触頭寺院の類型……一一五
3　触頭寺院の変遷……一二一
三　摂津国の触頭制度について
　——特に触頭の任命を中心に——……一二六
四　美濃国の触頭の変遷
　——岐阜本誓寺文書を中心に——……一三四

五　甲斐国の触頭の変遷……一四四
1　甲府五カ寺と善光寺……一四四
2　善光寺と浄興寺……一五〇
3　善光寺の単独触頭……一五七
まとめ……一五九
六　信濃国の触頭制度について
——知恩院・増上寺の両触を中心に——……一五九
七　触頭制度の改廃について
——特に明治維新期を中心に——……一七二
第五章　浄土宗触頭増上寺役者譜年次考……一八一
はじめに……一八一
「増上寺役者譜年次表」について……一九八
第六章　天台宗触頭寛永寺執当譜年次考……二〇三
初出一覧……二二五
あとがき……二二七
索　引

第一章　諸宗江戸触頭成立年次考

はじめに

江戸幕府の仏教教団統制策の一環として、諸宗に触頭制度が設置されていたことは周知の事実である[1]。江戸幕府の宗教行政は徳川家康時代の初期には同朋衆全阿弥[2]が、その後も金地院崇伝・板倉勝重などが担当していたが、彼等の死後寛永十二年(一六三五)十一月に幕府の職制の一つとして寺社奉行が設置され、宗教行政を専門的に司る機関となった。この寺社奉行から下達される命令を受領して配下の寺院に触れる機関が触頭である。幕府の命令を受領する触頭は、表1の「諸宗江戸触頭一覧表」の如く諸宗派の江戸所在の有力寺院があたり、この江戸の触頭が受領した幕命を諸国においてそれぞれ所属の寺院に伝達する地方の触頭が置かれ、これは藩の寺社奉行の命令をも伝達した。更にまた触頭は上からの命令を下に伝える一方的機関であっただけではなく、寺院から寺社奉行に提出する各種の願書等をも中達する役目も果していた。江戸幕府の仏教教団統制策として従来本山・本寺から末寺への命令伝達の組織として本末制度が存在した。しかしこの本末制度の淵源は遠く古代・中世にまで遡り、特に江戸時代の先蹤たる中世の本末関係は法流の師資相承に基づいて構成された本末寺院が多い。そのためそれは地域に限定されず、時には数カ国に亘る支配形態を構成していた。そのため一国一地域を区画する大名領国、あるいは幕藩体制下においては、そうした組織形態では相容れない点があり、ここに一国あるいは一地方を限る同宗派寺院の統制支配組織である触頭制度が成立したのである。そして江戸幕府の幕藩体制が強化されるにつれて、各宗派内の伝統的な支配組織である本末制度よりも、この触頭制度が次第に重視されてくるようになる。

従来、諸宗の触頭制度全体に関する研究としては、豊田武著『日本宗教制度史の研究』がもっとも簡便であり、これに類するものとして石井良助著『日本法制史概説』、梅田義彦編『改訂増補日本宗教制度史』（近世編）などがある。宗派別にみると曹洞宗がもっとも研究が進んでいる。横関了胤著『江戸時代洞門政要』、竹内道雄著『曹洞宗教団史』、栗山泰音著『総持寺史』、横関了胤著『総持寺誌』など数多くの労作があり、江戸時代の僧録の成立や諸国分布を調べるのに有益である。

新義真言宗では櫛田良洪著『真言密教成立過程の研究』、村山正栄著『智積院史』などの研究がある。

浄土真宗では千葉乗隆著『真宗教団の組織と制度』が挙げられる。

浄土宗の触頭に関する研究としては、大島泰信著『浄土宗史』（『浄土宗全書』二十所収）の総録所の項で簡単に述べられているだけである。

しかしここ数年来触頭に関する関心が高まったようであり、著書はともかく触頭に関する雑誌論文が散見する。その主なるものを列挙すると、曹洞宗では広瀬良弘稿「近世曹洞宗における録所設置について[3]」、林董一稿「尾張僧録成立考[4]」、新義真言宗では坂本正仁稿「真言宗新義派護持院僧録について[5]」、拙稿「新義真言宗触頭江戸四箇寺制度の確立[6]」、浄土宗では拙稿「浄土宗の触頭制度について[7]」などが挙げられる。

一　諸宗江戸触頭一覧

次の表1は「憲教類典[8]」の享保七年（一七二二）の「諸寺院江被仰出候掟書」の条と、享和二年（一八〇二）の編纂にかかる「諸宗階級[9]」の記載を中心に整理したものである。両者の間では古義真言宗の関東五カ寺の取扱い方が異なるだけであり、この表1のような江戸触頭寺院制度はすでに享保七年以前に確立していたことがわかる。しかも江戸後期の享和年間まで一貫して実施されていたのである。

次にこの表1について所要の解説を加えてみたい。

「宗派」の項では天台宗・浄土宗が単一の触頭であるのに比して、他は宗派内の事情を反映して派別に触頭が設置されている。特に日蓮宗は両派(勝劣派・一致派)七組十五カ寺と呼ばれるような触頭制度をとるようになる。日蓮宗のこの制度については「触頭の成立と変遷」の章で述べる予定である。(10)

「本山」の項では霊雲寺以外は全て江戸の所在寺院ではない。幕府の寺社奉行の命を円滑、迅速に伝達するために遠隔地の本山は機能的ではない。ここに江戸の触頭寺院が設置される要因がある。霊雲寺は元禄四年(一六九一)に浄厳律師が幕府の強力な助成のもとに新設した寺である。霊雲寺は新設直後から幕府の祈願所となり、しかも関東真言律宗の惣本山、即触頭となっている。これが当時いかに破格の扱いであったかはこの表1からも充分に裏付けられる。

「触頭」の項では、執当・役者・在番・輪番などの様々の名称があるが、ほぼ同様の役割である。これは寺そのものが触頭を勤めているのではなく、寺内の所化や塔頭が役職として触頭を勤めていることを示している。例えば天台宗の場合は寛永寺の門跡を補佐する有力院家二、三名が執当として触頭を勤めている。浄土宗の場合は増上寺住持の下で寺内の上座の所化から選出された二名の所化役者と、山内の坊中から選出された二名の寺家役者が共同で触頭を勤めている。古義真言宗の高野山の場合は豊臣秀吉・徳川家康時代以来の慣例により、学侶・行人・聖方が別々に江戸に寺僧を出張させて事務を処理していた。ところが慶安二年(一六四九)以降幕府の命により、本山派遣の寺僧各二名宛を在番として江戸に常駐させて、それぞれ触頭を勤めている。そのため寺名はつけられず、学侶在番屋敷・行人在番屋敷と呼ばれていた。臨済宗五山派の場合は金地院は京都金地院の出先機関である。江戸初期の金地院崇伝は僧

表1　諸宗江戸触頭一覧表

（宗派）	（本山）	（触頭）	（住所）	（触頭寺院）
天台宗	近江延暦寺	寛永寺執当	上野〈江戸〉	寛永寺
浄土宗	京都知恩院	増上寺役者	芝〈江戸〉	増上寺
真言宗 古義真言宗	紀伊高野山	高野山学侶在番	二本榎〈江戸〉	
		高野山行人在番	白金〈江戸〉	
		高野山聖方	本所〈江戸〉	大徳院
新義真言宗	京都東寺 京都仁和寺 京都醍醐寺	関東五カ寺	伊豆〈伊豆〉	般若院
			箱根〈相模〉	金剛王院
			鎌倉〈相模〉	荘厳院
			大山〈相模〉	八大坊
			王子〈武蔵〉	金輪寺
	京都智積院 大和長谷寺	江戸四箇寺	本所〈江戸〉	弥勒寺
			湯嶋〈江戸〉	根生院（元知足院）
			愛宕〈江戸〉	円福寺
			愛宕〈江戸〉	真福寺
関東真言律宗	江戸霊雲寺		湯嶋〈江戸〉	霊雲寺
臨済宗 五山派	京都五山	金地院役者	芝切通〈江戸〉	金地院
妙心寺派	京都妙心寺		芝〈江戸〉	東禅寺
			牛込〈江戸〉	松源寺

			浅草〈江戸〉	海禅寺
大徳寺派	京都大徳寺	東海寺役者	品川〈江戸〉	東海寺
曹洞宗	越前永平寺	関三箇寺	富田〈下野〉	大中寺
			(三田)〈江戸〉	大中寺宿寺
			越生〈武蔵〉	竜穏寺
			(麻布)〈江戸〉	竜穏寺宿寺
			国府台〈下総〉	総寧寺
			(小日向)〈江戸〉	総寧寺宿寺
				芝　泉岳寺
				愛宕青松寺
				橋場総泉寺 (江戸三カ寺)
	遠江大洞院	可睡斎	遠江〈遠江〉	可睡斎
黄檗宗	宇治万福寺		白金〈江戸〉	瑞聖寺
			深川〈江戸〉	海福寺
普化宗			小金〈下総〉	一月寺
			青梅〈武蔵〉	鈴法寺
時宗	藤沢清浄光寺		浅草〈江戸〉	日輪寺
日蓮宗 身延派	身延久遠寺		下谷〈江戸〉	宗延寺
			下谷〈江戸〉	善立寺
			谷中〈江戸〉	瑞林寺
本門寺派	池上本門寺		二本榎〈江戸〉	承教寺
			二本榎〈江戸〉	朗惺寺
本国寺派	京都本国寺		谷中〈江戸〉	宗林寺
			浅草〈江戸〉	幸竜寺

			本所〈江戸〉	法恩寺
本成寺派	越後本成寺		丸山〈江戸〉	本妙寺
			芝〈江戸〉	長応寺
妙満寺派	京都妙満寺		品川〈江戸〉	妙国寺
			品川〈江戸〉	本光寺
			浅草〈江戸〉	慶印寺
中山派	中山法華経寺		谷中〈江戸〉	妙法寺
久昌寺派	水戸久昌寺		駒込〈江戸〉	大乗寺
浄土真宗 西派	京都西本願寺	本願寺築地輪番	築地〈江戸〉	本願寺
東派	京都東本願寺	浅草本願寺輪番	浅草〈江戸〉	本願寺
高田派	伊勢専修寺		浅草〈江戸〉	唯念寺
			浅草〈江戸〉	称念寺
			桜田〈江戸〉	澄泉寺
仏光寺派	京都仏光寺		下谷〈江戸〉	西徳寺
修験宗 本山派	京都聖護院		赤坂〈江戸〉	大乗院
当山派	醍醐三宝院		青山〈江戸〉	鳳閣寺

録として諸宗の寺社行政に関与していたが[11]、その後は江戸金地院内の所化二名が役者として自派の触頭だけを勤めている。真宗の場合は江戸の両本願寺は京都の本山の出先機関であり、本山から派遣された寺僧二名宛が輪番で触頭を勤めている。これなどは高野山の在番同様に出先機関の事務所が発展して寺となったものであろう。

これ以外の宗派では寺そのものが触頭を勤めている。断定することはできないが、一般的には有力寺院では触頭役は住持そのものではなく、所化や寺僧が触頭役を勤めている。これは住持を宗教活動に専念させると共に、反面住持への権力の集中化を抑制しようとした幕府の方針のようである。

「住所」の項では各触頭共圧倒的に江戸に集中している。例外は古義真言宗の関東五カ寺、曹洞宗の関三箇寺、普化宗の二カ寺だけである。この中でも曹洞宗の関三箇寺は江戸に出先機関たる宿寺をもっており、更に関三箇寺とは別に江戸三カ寺の制度も確立している。古義真言宗の関東五カ寺は「諸宗階級」には記載がなく、江戸後期には制度そのものがなくなっていたのかもしれない。普化宗の二カ寺はその宗派成立の特殊性によるものであろう。遠江の可睡斎は例外であり[12]、曹洞宗の触頭の成立の項で別に述べる予定である。

「触頭寺院」の項では、大別して単独の寺院で勤めている宗派と複数の寺院で合議制で勤めている宗派とがみられる。

この表1の「諸宗江戸触頭一覧表」所収以外に「虫余一得[13]」二集巻三所収の宝暦九年（一七五九）と推定される「諸宗触頭」の一覧表をみると、臨済宗妙心寺派の牛込済松寺と湯嶋麟祥寺、新義真言宗の音羽の護持院と浅草大護院が触頭として記載されている。しかしいずれも触下寺院はなしとされており、幕府との特別な由緒により、従来の触頭の触下から独立して、単独で直触寺院に昇格していたのである。そのため宗派全体の統制支配という役割りはもっていなかったようである。

二　諸宗江戸触頭の成立と変遷

本項ではまず宗派毎に触頭の成立年次とその変遷を検討してみたい。そして最後に諸宗全体の触頭の成立年次を一覧表で整理して、幕府の寺社行政との関係を考えてみたい。

1　天　台　宗

天台宗の触頭の成立について「祠曹雑識」[14]巻七十一所収の享保十四年（一七二九）に寛永寺の執当恵恩院智洞が寺社奉行に提出した寛永寺執当の由来の書上をみると、

享保十四酉年四月四日黒田豊前守（直邦）殿江恵恩院（智洞）持参書付如左

東叡山執当之儀者、寛永年中　大猷院（徳川家光）様御代、為天台一宗之惣録司、初而従公儀被　仰付候役儀ニ而御座候、依之最初之執当金剛寿院（晃海）黒子千妙寺兼任之砌、蒙　後陽成院勅宣、則東叡山執当・金剛寿院・千妙寺ト三幅一対、竪物一文字ニ被為染宸翰拝受仕候、右宸翰于今為黒子千妙寺宝物現在仕候、執当職之由来右之通御座候、然処致如何紛来候哉、於　公辺者上野役者ト御唱被成候、向後役者ト御唱無之、執当ト御唱被下候様奉願候、

四月　恵恩院（智洞）
覚王院（良然）

とある。これをみると寛永寺の執当は寛永年間の将軍徳川家光の時代に天台宗の惣録司として幕府から任命されたものであり、最初の執当は金剛寿院の晃海であったと記されている。執当は初期には上野役者と呼ばれていた。

更に「執当譜」（『大日本仏教全書』八十六所収）の最初の晃海と豪倪の条をみると、

最教院晃海　本覚院開基　寛永二乙丑年、大師（天海）統天下台宗之事、擢海及豪俔掌綱紀、同二十年、大師示寂、久遠寿院公海、継大師之席、茲時、大猷公（徳川家光）擢晃海為役者、後改号執当、是執当之始也、承応二年免役、任権僧正、明暦二年、本照院宮命転正、万治元年賜金剛寿院之号、寛文三癸卯十一月寂、

双厳院豪俔　真如院開基　寛永二年、擢俔及晃海掌綱紀、慶安三年　本照院宮命、賜雲蓋院之号、承応二年任権僧正、承応三甲午三月十一日寂、

寛明記伝、承応二年二月十日、金剛寿院・双厳院役儀御免、任権僧正、

とある。これをみると最教院（後に金剛寿院と号す）晃海は南光坊天海在世中から双厳院豪俔と共に天海を助けて天台一宗の教団運営にあたっていた。寛永二十年（一六四三）天海死後は後任の若年の毘沙門堂門跡公海を補佐するために、将軍徳川家光から役者に任命されている。前述の執当の由来書上と合せて考えると、天台宗の触頭である執当は寛永二十年に創設されたものであることがわかる。しかし触頭は当初役者と呼ばれていたものが、いつしか執当と改められたようである。触頭は当時増上寺・東海寺・金地院等で役者号を使用しており、寛永寺の独自性を出すために執当と名称を改めたものであろう。

いずれにしても天台宗では寛永二十年に晃海が役者に任命されて以来、明治元年（一八六八）八月九日に千駄木の世尊院に触頭役が移行するまで[15]、一貫して寛永寺の院家二、三名が執当として触頭を勤めていたのである。

2　浄土宗

浄土宗の触頭の成立と変遷については、拙稿「浄土宗の触頭制度について[16]」の中の「増上寺役者の成立」の項で考証してあるので、ここではその概要のみを紹介しておきたい。

増上寺役者の成立について、増上寺所蔵の「幹事便覧[17]」一の「当山役者両僧入役・退役年月記、幷役者号始之事」に次の如く記されている。

役者之事、了的上人（寛永二〜同七年）御代天光院道楽・浄運院閑栄、幷御弟子大残・善哲、了学上人（寛永九〜同十一年）御代名見廻、本誓寺ト誓願寺、御弟子了門、源興院・浄運院、智童上人（寛永十二〜同十六年）御代長屋・長波、後長屋・代り知哲、源興院・浄運院、同御代寛永十二乙亥年土井大炊頭（利勝）殿、御同役御老中江御相談之上ニ而、御仏殿役者従公儀被仰付、此時より始而役者与号呼之、幷輪番之名義も此時より被仰付候事、

これによると増上寺の役者は十四世桑誉了的・十七世照誉了学の時代から先駆的な職掌はあったようであるが、正式に幕府から役者を公認されたのは寛永十二年（一六三五）であると記されている。寛永十二年という年は幕府の寺社行政上極めて注目される年である。この年の十一月九日に初めて江戸幕府の寺社奉行が設置され、奉行に安藤重長・松平勝隆・堀利重が任命されている。そのため寺社奉行の下部組織として浄土宗内の触頭として増上寺内に役者が設置された可能性は充分にある。この「幹事便覧」の記載を、江戸幕府の公式な記録である「御日記[18]」の記載と対比してみると、「幹事便覧」は文政十年（一八二七）以降の編纂にかかるものであるが、かなり信憑性の高い記録であることがわかる。しかし寛永十二年頃増上寺の住持を補佐して一宗の事務を執行する役者機構が確立していたことは事実であるが、「幹事便覧」の記載の如く御仏殿役者が設置されていたかどうかは問題である。「御日記」の増上寺役者に関する記載をみると、初期には一貫して増上寺役者、又は方丈役者と呼ばれ、増上寺で修学していた所化の上座五十僧の中から二名が選出されている。この二名は﨟次に関係なく、世務・法務に練達した僧がこの任にあたっている。

一方、御仏殿役者の初見は万治元年（一六五八）であり、増上寺山内の坊中の上座二院がその任にあたっている。管見では「御日記」以外の史料をみても、方丈役者と並んで御仏殿役者が連署している史料は、増上寺所蔵の「諸条

目」所収の明暦三年(一六五七)十月五日付の銀子請取状が初見であり、「御日記」の記載より三カ月早いだけである。これ以前の御仏殿役者の用例は現在確認されていない。

江戸中期になると方丈役者は所化役者、御仏殿役者は寺家役者と呼ばれ、両者は同格で事務を執行するようになる。しかし御仏殿役者は方丈役者よりかなり遅れて成立したものであり、しかも初期には両者の地位に相違があったようである。

いささか主題から脇道にそれたが、ここで問題にするのは、浄土宗の触頭としての増上寺の役者の成立である。前述の如く江戸初期において一宗の触頭の任にあたっていたのは当然方丈役者(所化役者)である。そのため私は浄土宗の触頭機構は江戸幕府が寺社奉行を設置した寛永十二年頃までに、その下部機構として増上寺の方丈役者が存在したものと考えている。

一方、増上寺の方丈役者成立の上限について考えてみたい。

江戸幕府は寛永九年から同十年にかけて諸宗に対して本末帳の作成を命じている。この時に諸宗から幕府に提出された本末帳をみると、古義真言宗・新義真言宗・曹洞宗は前述の「諸宗江戸触頭一覧表」所収の触頭寺院が本末帳を作成して幕府に提出している。これに対して浄土宗は寛永九年十一月に当時の増上寺住持照誉了学が単独で提出している。おそらく寛永九年頃増上寺には役者機構が確立していなかったため増上寺住持名で提出されたのであろう。

以上の理由により浄土宗の触頭である増上寺の役者は本末改め実施以降、寺社奉行設置以前、換言すれば寛永九年十一月以降、同十二年頃までに成立していたものと思われる。

更に寛政元年(一七八九)二月に増上寺役者から当時の寺社奉行松平紀伊守信道に提出した報告書によると、

一、御当山(増上寺)支配国者何国々ニ而候哉、右之外者知恩院支配ニ候哉、但、一国毎ニ触頭等も有之候哉之旨ニ御座候、

此段関八州・陸奥国・出羽・越後・信濃・甲斐・伊豆・駿河・遠江・三河、此拾七ケ国之寺院者御当山之支配ニ御座候、但、此内越後・信濃・伊豆・駿河・遠江・三河六ケ国之寺院者、知恩院より触出候事も有之、就中越後・信濃両国之寺院共知恩院・御当山（増上寺）之両触ニ御座候、右之外四拾九ケ国之寺院者京都知恩院幷浄華院・金戒光明寺・知恩寺、又西山流粟生光明寺・京都円福寺・禅林寺・誓願寺等之支配ニ御座候、

とある。これによると増上寺の受持区域は関東を中心に十七カ国であることがわかる。一、二の例外もあるが、他の四十九カ国は知恩院の受持区域であり、その中には少々浄華院や金戒光明寺等各本山の触下寺院も含まれている。浄土宗の総触頭は増上寺役者であり、寺社奉行から伝達された幕命が増上寺役者を経由して各本山の役者に伝えられ、各本山から触下寺院に伝達されるのである。しかし増上寺役者の直接伝達区域は関東だけである。

3　真　言　宗

イ　新義真言宗

新義真言宗の江戸四箇寺の成立については、櫛田博士が『真言密教成立過程の研究』第三章第二節「触頭制度の確立」の中で、「触頭は世に四ケ寺といい、江戸愛宕円福寺・真福寺・本所弥勒寺・湯嶋知足院の四ケ寺で、家康の制定したものといわれる。慶長十五年はこの四ケ寺が建立か造営の恩典に浴した年であるが、触頭の職制は何等裏付けられない点にも四ケ寺の触頭職設置を早急にこの年であったと認める訳には行かない。然しこれより二十二年後の寛永九年三月十日に両能化元寿・秀算の四ケ寺と関東諸寺に宛てた記録があるから、寛永の初年にはこうした四ケ寺が触頭として成立していた点は認めてよいのである」と述べられている。これに対して坂本正仁氏は「真言宗新義派護持院僧録について⒆」の註⑴の中で、「管見では『本光国師日記』元和九年正月二十三日の条の、崇伝から智積院日誉

にあてた書状によれば、智積院所化が江戸に直訴に及んだことに関し、崇伝は「当地四ケ寺之衆へも能々被仰談尤ニ候」と述べている。この時崇伝は江戸金地院に居り、「当地」は江戸である。故に「当地四ケ寺」は「江戸四ケ寺」のことであり、その成立年次の最下限が元和九年正月と考えることができる」と述べられている。

私も両氏の研究成果を踏えた上で、三点程新義真言宗触頭江戸四箇寺の成立に関する論考を発表している。「近世初期の新義真言宗教団」(20)の「江戸四箇寺の成立」の項で、江戸四箇寺個々の成立を順次検討することにより、円福寺の成立に視点を合せ元和三年以降に江戸四箇寺は成立したと考え、更に『義演准后日記』所収の元和五年七月十一日付の弥勒寺に出された醍醐三宝院の直末許可状によって、弥勒寺の格式が整う元和五年七月以降の可能性が強いことを推論した。

次に「新義真言宗触頭江戸四箇寺制度の確立」(21)の中で、新出の武蔵吉見息障院文書を中心として、次の三点を考証した。(イ)江戸四箇寺の触頭制度の成立の下限は従来元和九年正月以前とされていたが、これを元和八年夏以前に遡らせることができる。(ロ)江戸四箇寺は成立当初から知足院・円福寺・真福寺・弥勒寺の四カ寺である。(ハ)初期の江戸四箇寺は、内外共に機能的に確立した組織ではなかった。

そしてこれらを踏えた上で、新義真言宗の江戸四箇寺の触頭制度は元和五年七月以降、同八年夏までの間に成立したものと思われる。しかし成立当初の江戸四箇寺は京都本山智積院や関東有力寺院の従来からの慣習的な支配を一掃することができず、これらの勢力と妥協しながら宗門行政にあたっていた。しかも四カ寺内部でも知足院光誉在世中は他の三カ寺との間では、寺格の相違があり、四カ寺としてまとまった機能は多少阻害されていたようである。それが寛永九、十年頃になると各宗共に幕府の命をうけて自己の宗派の本末帳を作成することになるが、新義真言宗でもこの本末帳の作成過程を通して、名実共に江戸四箇寺の触頭制度が確立してくるのである。

更に「倉田明星院祐長について」(22)の中で、江戸四箇寺による触頭成立以前に、関東新義真言宗教団の中で、幕府や上方本山との仲介的役割を果した武蔵倉田明星院祐長の活動を通して、彼が慶長十八年から元和三年頃まで関東新義真言宗教団の触頭の任務を果していたことを考証し、従来の私の見解を傍証した。

以上の拙稿三点によって、私は新義真言宗の江戸四箇寺の触頭の成立は元和五年以降、同八年夏までの間と考えている。そして四カ寺による触頭制度の機能が確立するのは寛永十年頃であろう。

なお、四カ寺の中で知足院は貞享四年(一六八七)七月以降、湯嶋の根生院と交替する。(23)

諸宗触頭制度の成立の中で、新義真言宗教団の江戸四箇寺はもっとも典型的なものであり、比較的考証史料も豊富であり、私のもっとも関心の深いところであるが、本論では全て先行論文に譲り、細かな考証は省略して要点だけを述べた。詳細については、先行論文を御参照いただければ幸いである。

ロ　古義真言宗(高野山)

まず高野山の触頭である江戸在番の成立を考えてみたい。江戸在番には学侶方と行人方の両方がある。

「白金寺社書上」一一の高野山行人方在番所・古義真言宗触頭の条に、

在番之儀者　大猷院様(徳川家光)御代慶安二年、衆監六人之内在江戸弐人宛可為交替之御旨、蒙　台命御黒印頂戴、毎歳春秋壱人宛在番交替仕候、定役僧壱人幷両寺役僧弐人宛・侍弐人宛、此外下男等相詰候事、

但、慶長五年従　大権現様(徳川家康)、於駿府文殊院当時興山寺ト申候、勢誉寺地拝領仕相詰罷在候、其後御当地御草分之砌、寛永四年於浅草地面弐千七百坪幷北御丸、文殊院応昌拝領仕、代々相詰罷仕候、元禄年中子細御座候而、右地面被　召上、同九年於白金台町、在番屋鋪拝領仕候事、

とある。高野山行人方は木食応其以来徳川家康と早くから交渉があり、文殊院勢誉や応昌が幕府との仲介役を果していた。ところが徳川家光の時代慶安二年（一六四九）に幕命によって二名宛の江戸在番が義務付けられ、これらの二名が江戸に常駐して触頭を勤めている。

「高輪二本榎通寺社書上」三の高野山学侶在番屋鋪の条に、

当在番之権輿は　大猷院殿（徳川家光）御代慶安弐年丑九月廿一日、両門主（宝性院・無量寿院）は隔年に壱人、廿ケ院の集議は比年弐人、輪番に参覲すべきの　鈞命による、尤慶安弐年より明暦元年まで七年の間は浅草日輪寺境内に借住、其節奉願、辱く此地を拝領し、永く輪番参覲の住所とす、

とあり、高野山学侶方も門主は隔年に一人、集議は毎年二人の江戸常駐が幕命によって決まっている。しかもその成立は行人方と同様に慶安二年九月である。これをみると幕府は高野山の行人方・学侶方に対して慶安二年同時に二人宛の江戸常駐を義務付けたことがわかる。これは高野山が遠隔地であったため、幕府は事務の円滑化を計るために江戸に出張所の開設を要求したのであろう。この出張所が発展したものが古義真言宗の両江戸在番である。また高野山聖方の触頭については次の如くである。

「本所寺社書上」一の高野山大徳院宿寺の大徳院の条には、

右大徳院之儀者古義真言宗高野山聖方諸国末寺惣触頭ニ而　公儀　御尊牌所ニ御座候、往古年月不知、神田辺ニ而初而宿寺居屋鋪拝領仕罷在候由ニ御座候、然ル処寛文六午年中右屋鋪替被仰付、本所猿江ニ而何跡候哉、代地被下置候処、居屋鋪遠方ニ付替地奉願、貞享元子年南本所元町続ニテ替地拝領仕候、

とあり、聖方の場合は大徳院の江戸宿寺が発展して大徳院の呼称のもとに触頭を勤めている。聖方触頭の成立の下限は寛文六年（一六六六）以前であるが、大徳院の場合も学侶方・行人方両様慶安年間にはすでに触頭の機能を有してい

たのではないかと考えている。

ハ　古義真言宗（関東）

次に関五カ寺の制について考えてみたい。これらの五カ寺が関東の触頭を勤めていた確実な典拠は享保七年の前述の一覧表1だけである。しかし多少寺院の出入りがあるが、寛永十年の古義真言宗の本末帳(24)の奥書には般若院・金剛王院・荘厳院等六カ寺が連署しており、新義真言宗同様、このころまでに関東の有力寺院を中心とした触頭制度が確立していたものと思われる。但、江戸常駐の寺院ではなく、関東の有力寺院がそのまま触頭役を勤めたところに無理があり、最後まで触頭寺院が固定されなかった。

ニ　関東真言律宗

「湯嶋寺院書上」の関東真言律宗惣本寺の霊雲寺の条には、

右者元禄四年辛癸八月廿二日開基浄厳和尚新規ニ寺地拝領仕候、
右者同年閏八月　常憲院様（徳川綱吉）建立ニ而天下之御祈願所ニ被　仰付、同六年癸酉十一月、於当国多麻郡寺領百石之御朱印頂戴仕、同七年甲戌六月関東真言律宗之惣本山ニ被　仰付候、

とある。霊雲寺は幕府の新寺建立禁止の方針(25)の中で、元禄四年（一六九一）に将軍徳川綱吉の助成で新たに建立された寺であることがわかる。しかも同七年には関東真言律宗の本山、即僧録に任命されている。これは開山浄厳が高僧の誉れが高かったことにもよるが、浄厳の戒律堅持振りが、幕府の仏教統制策と適応したので特に登用されたのであろう。

いずれにしても霊雲寺の触頭就任は他よりも遅く極めて例外的な事例である。

4　臨済宗

イ　五山派

五山派の触頭である金地院僧録の成立について玉村竹二先生の詳細な御研究がある。(26)ここでは先生の御論考に導かれつつ概要だけを記しておく。

元和元年(一六一五)七月に徳川家康は五山十刹諸山諸法度を頒布した。同法度の中に、

鹿苑蔭凉之官職者、先代之規範也、当時不叙用、毀破之訖、自今以後、以五山長老之中帰依之僧一員、可兼補、出世之官資并入院出仕之儀式等者、如先規、可重賞事、

という一条があり、鹿苑僧録及び蔭凉職は徳川家康によって停廃され、それに代るものとして五山長老のうち、家康帰依の僧一人をして、その職務を勤めしめるといって、まだここでは具体的な名は挙げていないが、元和五年九月に二代将軍秀忠から金地院の崇伝に出された朱印状をみると、

任元和元年七月日之先判之旨、弥停止鹿苑・蔭凉之僧録官職、令兼補于当院訖、五山・十刹・諸山之諸法、出世之官資、入院之儀式等、守旧規、如先判、可被沙汰之状如件、

元和五年己未九月日　御判(徳川秀忠)

金地院(以心崇伝)

とあり、鹿苑僧録の代りとして、南禅寺金地院塔主の以心崇伝を僧録に任じている。ここに室町幕府以来の相国寺鹿苑僧録と同補佐役蔭凉職に代って金地僧録が成立して、以後五山十刹は金地僧録の支配を受けることになる。崇伝の

場合はこれ以前から円光寺元佶と共に、家康の寺社行政を担当しており、伏見や駿府に屋敷を拝領していた。それが元和五年正月になると、再度幕命により金地院の江戸屋敷の造営が開始され、同年十二月二日には新装なった江戸金地院に崇伝は移っており、僧録補佐と時期を同じくしている。(27) これは江戸幕府の方針と職掌の整備を物語るものであろう。

ロ　妙心寺派

妙心寺派の触頭は浅草海禅寺・牛込松源寺・芝東禅寺の三カ寺である。

「浅草寺社書上」甲七の禅宗臨済派京都妙心寺末の海禅寺の条には、

下総国相馬郡高埜邨海禅寺、慶長八年四月依　台命出府、乃謁覲、（中略）寛永元年甲子三月十二日於　謁見之時蒙賜地、於湯嶋妻恋令創造一宇住之、乃山号大雄、寺曰海禅、更所命以吾開山門派之棟梁、

とある。海禅寺はもと下総国相馬郡高埜村にあったが、寛永元年（一六二四）に湯嶋妻恋坂に一寺を建立して、一派の棟梁寺院に任じられている。棟梁が即触頭と断定することは危険であるが、後述の松源寺や東禅寺の記述からみて、ほぼ触頭と考えてよいようである。

「牛込寺社書上」一の禅宗済家京妙心寺派触頭の松源寺の条には、

三世宗山祖岌大和尚

天和三亥年十月廿七日

但シ此宗山代、延宝八申年より触頭役相勤申候、

とある。松源寺は延宝八年から触頭を勤めたと記してある。

「芝寺社書上」四の禅宗済家京妙心寺派の東禅寺の条には、元文五年（一七四〇）五月付の「本山妙心寺より江戸三箇寺江役寺申付越候書付」が所収されており、海禅寺・松源寺・東禅寺の三カ寺が妙心寺から江戸触頭に任命されていたことがわかる。これらの三カ寺がいつ触頭に任命されたか明白でないが、寛永初期から延宝年間頃までに成立したものであろう。

「本山妙心寺より江戸三箇寺江役寺申付越候書付」には、

一、公儀御触等之儀、以書状本山江告報之節、被仰出候趣被相認候筋者格別之事ニ候、到于各寺自分之文言者、対本山不敬無之様可被相認候、本山四派執事之書面者一分之訳ニ而無之、直ニ一山議本山命之寺法ニ候条、不失本末之礼儀様ニ可被相心得事、

一、公儀御触等之儀、古来従本山直ニ諸国末寺江相触候、然共東国之分者手寄宜候間、御触等遅滞為無之東拾五ケ国之門派江者、従各寺可被相触候、尤各寺之儀触頭役一通之事ニ候条、対御府内幷東国之門派候而、支配下取捌格式之様ニ被致間布事、

一、公儀御触御公用等随分大切ニ可被相勤候、尤御公用等御府内門派之寺院江被相触候節、又者諸国之門派官訟等之時、挟私意以権威不可有軽忽事、

とある。この書状は当時の本山と触頭の関係を如実に物語っている。江戸の触頭は幕府の意向をうけてともすれば本山を軽視しがちであった。そのため本山は触頭の専横を戒めている。更に従来は幕府の命を本山が直接諸国に伝達していたが、触頭が設置されてからは関東十五カ国は触頭の伝達区域となっている。しかも本山も幕命は江戸の触頭経由で伝達されることになり、著しく権威が低下することになる。

妙心寺派では江戸の触頭が関東を受持区域としているが、これは前述の浄土宗をはじめ浄土真宗(28)や修験宗(29)でも同様であり、曹洞宗や新義真言宗(30)等は例外であるが、江戸の触頭の直接受持区域は関東が中心であり、その他の地域は江戸触頭からの伝達をうけて本山が伝達したようである。

ハ　大徳寺派

東海寺は寛永十五・六年に徳川家光の助成によって建立された寺である。

「寛永日記」の寛永十五年四月二十七日の条には、

　右沢庵寺品川江就御建立、奉行被仰付之旨、老中伝仰之、

とある。同十六年五月朔日の条には、

　沢庵御目見一束百包献之、安藤右京進(重長)披露之、是於品川新寺御造立被仰付之、入院之御礼也、

とある。同五月十九日の条には、

　沢庵新寺万松山東海寺と今日号之、於彼寺御当座なと有之云々、

とある。これをみると東海寺は寛永十六年(一六三九)五月品川に新たに造立された寺である。これは将軍徳川家光が沢庵宗彭のために特別に建立したものである。そのため東海寺役者の触頭就任はこれ以降のことである。しかし『鹿苑日録』をみると、沢庵は品川の東海寺は江戸から遠いので、江戸に中宿をもっていた。そのためか寛永二十年正月九日付の細川光尚宛の沢庵書状等をみると、東海寺は建てたけれども、空地が沢山あって、草深くて、誰も塔頭を建てるものがいない、といっている。これらの状況から考えると、東海寺役者の触頭就任はもっと時代が下るものと思われる。

5　曹　洞　宗

最初に述べたように諸宗の中で触頭制度についてもっとも研究が進んでいるのは曹洞宗である。曹洞宗の場合、触頭を大僧録といい、下総総寧寺・武蔵竜穏寺・下野大中寺が全国を三分して、地方の触頭すなわち録所を支配下に置いたのである。この三カ寺を関東三箇寺とか、関三刹と称したことは周知のごとくである。なお、可睡斎が東海の大僧録として三河・遠江・駿河と伊豆修禅寺門派を支配したこともよく知られている。

慶長十七年(一六一二)五月二十八日に竜穏寺・総寧寺・可睡斎(大洞院)に幕府から天下曹洞宗法度が発布され、更に同二十年六月二十八日に大中寺にも同法度が出されている。ここに関三箇寺と可睡斎の大僧録による全国支配が正式に発足したとみることができる。

更に天下僧録牒[31]をみると、寛永六年(一六二九)六月二十二日に大僧録の下に諸国の録所が制定されたことがわかる。これらについてはすでに先学の研究で究明されている。そこで私は曹洞宗の江戸の触頭がどうなっているか考察してみたい。関三箇寺はいずれも江戸府外である。そこで寺社奉行との連絡を円滑にするためにそれぞれ江戸に出張所として宿寺を設置することになる。

「小日向寺社書上」一の曹洞宗の総寧寺宿寺の条には、

宿寺開闢者当寺廿二代智堂光紹和尚ニ御座候、其後寛文四辰年越前永平寺住職蒙　台命、直参　内仕、恵輪永明禅師与賜　勅号候、
東照大神君(徳川家康)御法度御朱印曹洞宗僧録被　仰付、十六代一峰専道和尚江被下置候、

とある。「麻布寺社書上」八の曹洞宗の竜穏寺宿寺の条には、

延宝七未年当寺弐拾六世耕屋普春和尚代拝領仕、御役儀相勤罷在候、
宿寺開闢者当寺廿五代耕屋普春和尚ニ御座候、
権現様(徳川家康)御法度御朱印曹洞宗僧録被　仰付、拾四代大鐘良賀和尚江被下置候、
とある。「三田寺社書上」四の曹洞宗の大中寺宿寺の条には、
其後寛文年中大中寺十八世尊海和尚代、天暁院住持下野国都賀郡皆川傑岑寺江移転仕、其砌開基内藤家江申入、大中寺宿寺ニ仕、従是別住無御座候、拝領地ニ罷成候儀者、寛文十三年丑春大中寺十九世解厳和尚公儀江御訴訟中上候処、願之通拝領地ニ被　仰付候、
慶長十七年五月廿八日従　東照権現様(徳川家康)天下曹洞宗僧録職被　仰付候、
僧録職之儀日本国中曹洞一宗之諸寺院支配仕候事、
とある。いずれも江戸宿寺の草創は寛文・延宝年間(一六六一～一六八〇)に集中している。これは偶然の一致ではなく、曹洞宗の関三箇寺は諸宗に先がけ徳川家康によって制定されたが、当時の教団内部の実情に即して選出されたため、江戸幕府の寺院政策に迅速に対応することができなくなり、江戸幕府の諸制度・諸機構の整備に伴い、必然的に江戸常駐の必要性が生じたためであろう。

曹洞宗の場合、この関三箇寺の宿寺と同様の役割を果した江戸三カ寺の触頭制度がある。「浅草寺社書上」乙二の禅宗曹洞派の総泉寺の条には、

天正十九年辛卯十一月境内二万八千坪并御朱印高二十石新規ニ被下置、猶又御府内一宗之支配被　仰付之叓、
総泉寺触下寺院　七十一ケ寺
御府内三箇寺　青松寺触下寺院　六十四ケ寺

泉岳寺触下寺院　五十二ケ寺

尤三箇寺ニ定リシ時代ツマビラカナラズ、

とある。「愛宕下寺社書上」の曹洞宗の青松寺の条には、

御府内曹洞宗触頭之儀者　神君様（徳川家康）御入国後、慶長年中蒙　上意候事、

とある。「芝寺社書上」四の禅宗曹洞宗の泉岳寺の条には、

延宝五年巳十一月御府内曹洞一派江戸三箇寺触頭等御定蒙　仰、関三箇寺ニ相代リ遠国之諸寺院迄諸般取計仕候、

とある。これらをみると江戸三カ寺の制度ができたのは延宝五年（一六七七）とかなり時代が下るようであるが、総泉寺や青松寺は徳川家康の関東入国後まもなく触頭に任命されたと記されている。おそらく関三箇寺よりも早くから江戸の中心的な役割を果していたのであろう。しかも享保七年（一七二二）九月十五日付の諸宗末寺法度は、他の触頭寺院と同格で関三箇寺をさておき、この江戸三カ寺に出されており、寺社奉行のお膝元であるこの江戸三カ寺はかなり関三箇寺と重複する部分があったようである。しかし寛永八年（一六三一）正月付の関三箇寺の触状をみると、

一、御府内之諸寺院　御公用之儀者不及申、江湖興行、其外不寄何事、関三箇寺江訴出之節者、其触頭ニ相達可受差図、勿論隠居・他山・遷化之節者、早速可被致其届候、以上、

右之通、急度可被相触候、

寛永八卯正月

大中寺
竜穏寺
総寧寺

とある。これをみると関三箇寺は江戸府内の寺院に対して、必ず訴訟は江戸の触頭経由で関三箇寺に届け出るように

命じている。江戸の触頭が三カ寺であったかどうかは別にして、寛永八年以前にすでに江戸の触頭が成立していたことは間違いない。しかしこの時点では江戸の触頭は関三箇寺の支配をうけていたことが裏付けられる。そして関三箇寺と江戸三カ寺の宗派内の序列は江戸時代を通して次のように規定されている。[32]

（総持寺直末）総寧寺（宿寺小石川独唱院）――（総寧寺末）総泉寺――（四谷）天竜寺
（最乗寺末）竜穏寺（宿寺麻布四ノ橋）――（竜穏寺末）青松寺――（三田）功運寺
（竜泰寺末）大中寺（宿寺三田天暁院）――（大中寺末）泉岳寺――（麻布）長谷寺

天竜寺・功運寺・長谷寺はそれぞれ江戸三カ寺の副役である。

以上、曹洞宗の触頭の成立と変遷を見てきたが、教団内部の自主的な触頭が江戸幕府の寺院政策に着々と呼応している様子がよく窺える。なお、別の機会に関三箇寺の宿寺の機能と江戸三カ寺の機能について再検討してみたいと思っている。

6　黄檗宗

黄檗宗の触頭の成立と変遷は非常にはっきりしている。

「白金寺社書上」二の禅宗黄檗派役寺の瑞聖寺の条には、

　当寺寛文十一年辛亥諸堂落成、請　木庵和尚為開山、同年六月十五日進山開堂、特承　上旨、以当寺為一宗之役寺、

とあり、瑞聖寺は寛文十一年（一六七一）に隠元の高弟唐僧木庵を開山として草創され、同時に幕府から黄檗宗の触頭

に任命されている。

更に「深川寺社書上」六の禅宗黄檗派触頭の海福寺の条には、

一、黄檗派触頭唯今迄者、瑞聖寺一ケ寺ニ而相勤候得共、今度海福寺触頭被　仰付候、自今以後両寺万端申談可相勤候、尤諸事本寺之可相守下知事、

（中略）

宝永六己丑十月三日

本（本多忠晴）弾正　在判

三（三宅康雄）備前　在判

鳥（鳥居忠救）伊賀　在判

深川　海福寺

とあり、宝永六年（一七〇九）十月、瑞聖寺の鉄心の後住問題に絡んで、深川の海福寺が瑞聖寺の補佐役として触頭に任命されている。そしてこれ以降両寺による触頭制度が実施されている。

更に「祠曹雑識」巻二十二の海福寺触頭就任の条には、

何レノ寺院ニ而モ触頭ハ両人、或三人モ御座候、黄檗触頭ハ瑞聖寺一人ニ而相務候、只今黄檗派寺数モ致出来、其上一人ニ而触頭相務候付、諸事我儘モ有之一派一同不仕候、向後今一ケ寺召加、触頭致両寺万端相談之上相務候様ニ仕可然奉存候、尤本寺万福寺茂触頭両人ニ仕度旨相願候、

四月

とある。このように単独で触頭を勤めていた宗派は次第に複数の合議制をとるようになっていったようである。これは触頭制度の合理化を物語るものであり、幕府の政策でもあった。江戸中期以降触頭寺院が増加したのはこのような

理由によるものである。

7　日蓮宗

江戸時代の日蓮宗の触頭は通称両派七組十五カ寺と呼ばれている。両派とは一致派と勝劣派、七組とは一致派の身延派・本門寺派・本国寺派・中山派・久昌寺派の五派と、勝劣派の本成寺派・妙満寺派の二派の総計七派のことである。十五カ寺とは七派の触頭寺院の総数である。

「本所寺社書上」六の日蓮法華宗京都本国寺末頭の法恩寺の条には、

当時京本国寺末頭触頭之儀者、権現様（徳川家康）御入城已後、延山（身延山）・池上（本門寺）六門流等不残当時一ケ寺ニ而江戸触頭致シ来候処、用事繁多ニ而一ケ寺ニ而者難相勤候ニ付、台徳院様（徳川秀忠）御時、元和五己未年中、余本山面々触頭御立被下候様、当寺ゟ奉願上候故、瑞輪寺（身延派）・朗惺寺（本門寺派）・妙法寺（中山派）・勝劣方妙国寺（妙満寺派）・本光寺（妙満寺派）、右五ケ寺江触頭役被　仰付候、其後又大猷院様（徳川家光）御時、寛永十四丁丑年中、当門流触頭助役御添被下候様奉願上候ニ付、幸竜寺（本国寺派）・宗林寺（本国寺派）江被　仰付候、

とある。これは本国寺派触頭法恩寺の書上であり、多少割引いて考える必要があると思われるが、一応この記載に従えば、徳川家康入国直後は法恩寺が単独で触頭を勤めていたが、元和五年（一六一九）に一致派の身延派瑞輪寺・本門寺派朗惺寺・中山派妙法寺と勝劣派の妙満寺派妙国寺・妙満寺派本光寺がそれぞれ触頭に任命されている。七組の中で久昌寺派は元禄年間に独立するのであり、これで本成寺派を除く各派の触頭が成立したことになる。そして寛永十四年（一六三七）に本国寺派では法恩寺の補佐役として幸竜寺と宗林寺が触頭に昇格している。

「下谷寺社書上」二の身延久遠寺末触頭の善立寺の条には、

宗門両派一致勝劣触頭七組十五ケ寺有之中ニ、身延触頭者瑞林寺・善立寺・宗延寺筆頭ニ而候、諸国之本山三十ケ寺

末寺共ニ支配致候、触頭相定儀数度焼失故、古記無之候得共、三ケ寺共御入国ニ付起立之寺故、身延久遠寺之末頭ニ相成、其後寛文年中宗門御改等厳重ニ相成候節、触頭相定候而御条目抔相渡リ候様ニ被存候、

とある。身延派の江戸三カ寺の触頭が成立したのは寛文年間の宗門改めの際である。同様の例は本成寺派にも見られる。「本郷寺社書上」の日蓮宗勝劣派末頭の本妙寺の条には、

日蓮法華宗勝劣派越後国長久山本成寺末徳栄山本妙寺惣持院、但し関東筋之末頭寛文七丁未年従　公儀勝劣諸派之触頭被　仰付候、

とある。本成寺派も寛文七年（一六六七）に勝劣派本成寺派の触頭に任命されている。更に「高輪台町伊皿子辺寺社書上」一の日蓮宗勝劣派の長応寺の条には、

当寺者日蓮法華宗勝劣派、越後国長久山本成寺末芳荷山長応寺長久院、丸山本妙寺同様之寺格ニ而有之候ニ付、元禄十癸未年従　御公儀勝劣諸派之触頭被　仰付候、

とあり、長応寺は本妙寺の補佐役として元禄十年（一六九七）に本成寺派の触頭に昇格している。

「駒込寺院書上」一の日蓮宗水戸久昌寺触頭の大乗寺の条には、

当寺ハ元来京本国寺末ニシテ相州竹鼻村ニ居ス、其開闢ハ天正五年也、神君（徳川家康）御入国已来東谷中移居ス、元禄十三年水戸中納言（光圀）西山公御貰ニテ離末シ、久昌寺末触頭トナリ、已来　水戸家代々江戸ノ位牌所トナル、

とある。大乗寺は日蓮宗の触頭寺院の中で極めて例外的な存在である。本来一致派本国寺派の末寺であったが、元禄十三年に水戸藩主徳川光圀が貰いうけて、自己の水戸の菩提寺久昌寺の末寺とし、水戸の江戸屋敷の位牌所にしたものである。他の触頭のように多くの触下寺院をもっておらず、政策的な触頭である。

8　浄土真宗

イ　西　派

「大谷本願寺通紀」三の歴世宗主伝には、

第十二宗主准如（光照）七年（元和）三月中旬、於江戸浜町創別院、子院合廿八所、東方十三州諸寺悉属門下、

とあり、大谷本願寺光照は元和七年（一六二一）に江戸に別院を新設し、別院に関東十三カ国を支配させている。これは幕府の寺社行政に対応して設置された江戸出張所であり、触頭の役割りを果している。そして京都から出張した輪番二カ寺がその任にあたっている。

ロ　東　派　等

東派や高田派の触頭の成立年次は明白でないが、「下谷寺社書上」四の浄土真宗仏光寺御門跡触頭の西徳寺の条には、

寛永五辰年造立ニ而、本山ゟ役僧差越被置候、承応三午年役僧善如江住持職被申付、其以来触頭相勤候事、

とあり、西徳寺は寛永五年（一六二八）の創建であるが、当初は京都の本山から役僧が派遣されて業務を担当していたが、承応三年（一六五四）以降善如が住職となり、正式に触頭寺院となったと記されている。西徳寺は本来仏光寺の江戸出張所であったが、善如の政治的手腕により一寺として独立したものであろう。

以上、全ての宗派ではないが、確認し得た史料を中心として各宗派の触頭の成立と変遷を追ってみた。そして各宗

派の触頭の成立年次を一覧表に整理すると次の表2の如くである。

この表2の中で最も早い日蓮宗本国寺派の法恩寺の触頭就任は徳川家康の入国直後とあるだけで明確でない。次の曹洞宗の関三箇寺の触頭就任も前述した如く、江戸触頭としては寛文・延宝年間以降である。

一方、最も年次の遅い日蓮宗久昌寺派と関東真言律宗は為政者の政策的なものであり、一般的な触頭の成立過程からみると例外であろう。

以上の例外的な事例を除くと、各宗の江戸触頭の成立は元和五年(一六一九)から寛文十三年(一六七三)までの間に集中していることがわかる。

元和五年は従来幕府の寺社行政の相談役であった金地院崇伝の職掌を、五山派の僧録に限定するなど、より幕府の

表2　諸宗江戸触頭成立年次一覧表

宗派名	触頭成立年次	宗派名	触頭成立年次
天台宗	寛永二十年(一六四三)	黄檗宗	寛文十一年(一六七一)
浄土宗	寛永十二年(一六三五)	日蓮宗身延派	元和五年(一六一九)
古義真言宗(高野山)	慶安二年(一六四九)	日蓮宗本門寺派	元和五年(一六一九)
新義真言宗	元和八年(一六二二)	日蓮宗本国寺派	天正十八年(一五九〇)カ
関東真言律宗	元禄七年(一六九四)	日蓮宗本成寺派	寛文七年(一六六七)
臨済宗五山派	元和五年(一六一九)	日蓮宗妙満寺派	元和五年(一六一九)
臨済宗妙心寺派	寛永元年(一六二四)	日蓮宗中山派	元和五年(一六一九)
臨済宗大徳寺派	寛永十六年(一六三九)	日蓮宗久昌寺派	元禄十三年(一七〇〇)
曹洞宗	慶長十七年(一六一二)	浄土真宗西派	元和七年(一六二一)
曹洞宗江戸宿寺	寛文十三年(一六七三)	浄土真宗仏光寺派	承応三年(一六五四)

寺社行政が整備されてきた年である。そして寛永十二年には寺社奉行が独立して寺社行政を専門に司る役職となる。更に寛文・延宝年間になると幕府内部の諸制度が確立してくる。寺院行政でも江戸幕府は寛文五年七月十一日に諸宗寺院法度と諸宗寺院下知状を制定して、特定の宗派ではなく、全ての諸宗に共通した法度を定めている。これは幕府の寺社行政が確立したことを物語るものである。

このような状況の中で諸宗の江戸触頭は幕府の諸制度の整備過程に呼応して、元和年間から個別に成立し、寛文年間にはほぼ出揃うことになる。これは幕府側からの働きかけによるものであるが、各宗派も自派の教線拡張のために江戸進出をめざしたことが、この期間の触頭の成立により拍車をかけたのであろう。

三　諸宗江戸触頭の類型

本項では江戸の諸宗の触頭寺院の類型を分析して、これらを通して江戸幕府の寺院行政を考えてみたい。

触頭寺院の類型は千差万別であり、図表化することには問題があるが、便宜上、共通性の多いと思われる別記の五項目に分類して整備してみた。基本となった史料は文政十一年(一八二八)に江戸府内の各寺社が幕府に提出した「文政寺社書上」である。

(A)在来の関東の有力寺院　(B)新興の江戸の有力寺院　(C)京都・駿府等他所よりの移転寺院　(D)上方本山の出先寺院　(E)幕閣関係寺院

この表3について所要の解説を加えてみたい。

(A)―在来の関東の有力寺院―　これは天正十八年(一五九〇)八月、徳川家康の関東入国以前から関東地方で有力な勢力をもっていたと思われる寺院である。この表では十カ寺であるが、大別して江戸府外と府内の寺に分類できる。

府外の寺は古義真言の関東五カ寺と曹洞宗の関三箇寺である。古義真言の関東五カ寺は江戸中期以降、本寺としての機能だけであり、触頭としての機能は消失している。曹洞宗の関三箇寺は寛文年間以降にそれぞれ出先機関としての宿寺を設置して、そこで他宗の触頭同様の役割を果している。そのため純粋な意味ではこの七カ寺は(A)には相当しない。完全な(A)は青松寺・日輪寺・法恩寺の僅か三カ寺である。

(B)―新興の江戸の有力寺院― これは徳川家康の関東入国以降に江戸に新設された寺院と、家康入国以降急激に発展したと思われる寺院である。しかもこのタイプは幕府関係者と密接に結び付いているものが多い。そして触頭になっている寺院はこの類型がもっとも多い。

(C)―京都・駿府等他所よりの移転寺院― これは家康入国以降他所から江戸に移入してきた寺院である。(C)は(B)・(E)と密接な関連がある。

表3　触頭寺院の類型

寺名	A	B	C	D	E
寛永寺		○			○
増上寺		○			○
高野学侶在番				○	
高野行人在番				○	
高野聖方				○	
般若院	○				
金剛王院	○				
荘厳院	○				
八大坊	○				
金輪寺	○				
弥勒寺		○			
根生院		○			○
円福寺		○			○
真福寺		○			○
霊雲寺		○			○
金地院			○	○	○
東禅寺		○			○
松源寺		○			○
海禅寺		○	○		○
東海寺		○			○
大中寺	○			△	
竜穏寺	○			△	
総寧寺	○			△	
泉岳寺		○			○
総泉寺		○			
青松寺	○				
瑞聖寺		○			○
海福寺		○			
一月寺					
鈴法寺					
日輪寺	○				
宗延寺		○	○		
善立寺		○	○		○
瑞林寺		○			○
承教寺		○			
朗惺寺		○			
宗林寺		○			
幸竜寺		○			○
法恩寺	○				
本妙寺		○	○		
長応寺		○			
妙国寺					
本国寺					
慶印寺		○			
妙法寺		○			
大乗寺		○		○	○
築地本願寺				○	
浅草本願寺				○	
唯念寺		○			○
称念寺		○			
澄泉寺		○			
西徳寺		○		○	
大乗院		○			
鳳閣寺		○	○	○	
総計五十四カ寺	11	33	6	9	18

(D)—上方本山の出先寺院—　これは上方や地方の本山の出張所として江戸に新設された寺院や屋敷である。高野山の江戸在番や真宗の両本願寺はもっとも典型的なものであろう。この出先機関の設置は、かつて自主独立を誇った上方本山が完全に江戸幕府の支配下に入ったことを物語るものであり、幕府の寺社行政の徹底化を裏付けるものであろう。

(E)—幕閣関係寺院—　これは幕府関係者の保護をうけている寺院である。このタイプは(B)ともっとも関連性がある。このタイプが触頭寺院に多いのは幕府の意向を反映しやすかったためであろう。反面、幕府の諸制度の整備過程において極めて情実的な要素が強かったことの例証でもあろう。

最後にこの表3から端的にいえることは、諸宗の中央の触頭寺院は(B)・(D)・(E)に属する類型が圧倒的に多いことである。これらの寺院に共通することは幕府の所在地である江戸にあることが基本条件である。更に江戸幕府関係者の息のかかった寺院か、遠方の本山が幕府の意にそうべく江戸に派遣した出先機関の寺院かである。その反面、在来の有力寺院や本山が触頭から遠ざけられていることである。

ま と め

これまで諸宗の江戸触頭寺院の成立と変遷をながめてきたが、触頭制度の整備過程は江戸幕府の宗教政策を忠実に反映していることに驚かされる。幕府はそれぞれの一宗の本山内部の紛争解決、或いは寺領安堵というような形で、まず伝統的な本山を自己の支配下に置き、最初は従来の伝統的な本末関係を利用して教団の統制をはかっている。それが次第に軌道にのってくると、中央集権的な支配体制をより強化するために、従来どちらかといえば、京都周辺に集中していた本山を遠ざけ、幕府の所在地江戸周辺の有力寺院を新たに登用して、教団運営の実質的な権限を移行した。これは伝統的な権威をもつ上方の本山の力を牽制すると共に、幕府の息のかかった新興寺院を登用することによって、幕府の威信の徹底化と事務の円滑化をはかろうとしたためであろう。

その中心的な役割を果したのが江戸の触頭であり、江戸の触頭機構が確立したのが、江戸幕府の諸制度の確立期である寛文・延宝年間であるのは当然の結果であろう。

註

(1) 「諸宗階級」(『続々群書類従』十二所収)、豊田武著『日本宗教制度史の研究』(触頭の項)参照。
(2) 拙著『近世関東仏教教団史の研究』第一章第三節参照。
(3) 『曹洞宗研究員研究生研究紀要』一〇所収。
(4) 徳川林政史研究所『研究紀要』昭和四十九年度所収。
(5) 『仏教史研究』八号所収。
(6) 本書第二章参照。
(7) 本書第四章参照。
(8) 『東京市史稿』市街編二十の五三〇頁。
(9) 註(1)参照。
(10) 本書二六、二七頁参照。
(11) 辻善之助著『日本仏教史』近世編之二参照。
(12) 広瀬良弘稿「近世曹洞宗僧録寺院の成立過程—遠江可睡斎の場合—」(『近世仏教の諸問題』所収)参照。
(13) 『内閣文庫所蔵史籍叢刊』三所収。
(14) 『内閣文庫所蔵史籍叢刊』九所収。

(15) 川越喜多院日鑑参照。
(16) 註(7)参照。
(17) 幹事とは役者の別称であり、増上寺役者が在任期間中に判例の基準としたものである。
(18) 江戸幕府の表役所で毎日の重要事項を書き留めて後世の判例とした記録である。現在未刊史料である。
(19) 註(5)参照。
(20) 前掲註(2)第二章第四節参照。
(21) 註(6)参照。
(22) 前掲註(2)第二章第五節参照。
(23) 『文政寺社書上』の「湯島寺院書上」根生院の条参照。
(24) 『大日本近世史料』「諸宗末寺帳」上所収。
(25) 前掲註(2)第五章第二節参照。
(26) 玉村竹二著『日本禅宗史論集』下之二所収「公帖考」参照。
(27) 『本光国師日記』同年十二月三日の条参照。
(28) 「大谷本願寺通紀」三の歴世宗主伝の十二世准如の条参照。
(29) 「祠曹雑識」巻七十二の鳳閣寺支配下の条参照。
(30) 『総持寺史』、「祠曹雑識」巻六十九の新義真言四カ寺支配国の条参照。
(31) 註(3)参照。
(32) 『総持寺史』「関三刹と府内三箇寺の寺統組織」参照。

第二章　新義真言宗江戸四箇寺の確立

一　江戸四箇寺の成立

新義真言宗の江戸四箇寺の成立については、櫛田博士が『真言密教成立過程の研究』第三章第二節「触頭制度の確立」の中で、「触頭は世に四ケ寺といい、江戸愛宕円福寺・真福寺・本所弥勒寺・湯島知足院の四ケ寺で、家康の制定したものといわれる。慶長十五年はこの四ケ寺が建立か造営の恩典に浴した年であるが、触頭の職制は何等裏付けられない点にも四ケ寺の触頭職設置を早急にこの年であったと認める訳には行かない。然しこれより二十二年後の寛永九年三月十日に両能化元寿・秀算の四ケ寺と関東諸寺に宛てた記録があるから、寛永の初年にはこうした四ケ寺が触頭として成立していた点は認めてよいのである」と述べられている。これに対して坂本正仁氏は「真言宗新義派護持院僧録について」(『仏教史研究』八号)の註(1)の中で、「管見では『本光国師日記』元和九年正月二十三日の条の、崇伝から智積院日誉にあてた書状によれば、智積院所化が江戸に直訴に及んだことに関し、崇伝は「当地四ケ寺之衆へも能々被仰談尤ニ候」と述べている。この時崇伝は江戸金地院に居り、「当地」は江戸である。故に「当地四ケ寺」は「江戸四ケ寺」のことであり、その成立年次の最下限が元和九年正月と考えることができる」と述べられている。

私も両氏の研究成果を踏まえた上で、「近世初期の新義真言宗教団」(拙著『近世新義真言宗史の研究』第二章一〇)の「江戸四箇寺の成立」の項でいささか私見を述べたことがある。

本章と重複する部分もあるが、新出の吉見の息障院文書の史料価値を明確にするため要点だけを略述すると次の如くである。

江戸四箇寺成立以前に関東の新義真言宗寺院の中で触頭的な役割を果していたのは、武蔵の倉田（現、桶川市）の明星院である。例えば『本光国師日記』の慶長十八年五月二十日の条には、

廿日、本山・当山之山伏出入落着之御朱印、照高院殿へ二通、三宝院殿へ二通、幷明星院申上ル新義真言法度一通、以上五通、下書ヲ以得上意、板伊州・本上州へ申談、御右筆庄三ニ下書を渡ス、清書せられ候へと申渡也、

とある。これは天台系の本山修験と真言系の当山修験が武蔵国内における七五三祓役の徴収権をめぐって争った際に、両門跡である聖護院と三宝院に家康から修験道法度が二通ずつ出されているが、勝利を収めた関東の真言宗寺院は、倉田明星院祐長の申請によって、関東新義真言宗法度が同時に制定されている。この法度は家康から関東新義真言諸本寺宛に出されているが、本紙は明星院に現蔵されており、実際は申請者の明星院祐長に渡されたのであろう。明星院所蔵の天正十九年（一五九一）六月六日付の伊奈忠次の手形をみると、明星院は近在の無量寺閼伽井坊と合併した寺であり、明星院自身はさして由緒寺院のようには思われない。ただ住持の祐長が、当時の新義真言宗教団の第一人者であり、しかも家康の信任厚い智積院日誉と百間の西光院時代兄弟弟子であった。おそらくこの法度は日誉と祐長の人間関係によって家康の力を背景にして出されたものであろう。そのためか、明星院が関東の新義真言を代表する触頭的な役割を果したのは、祐長在任中の短期間である。祐長在任中でさえ『本光国師日記』慶長十九年二月二十一日付の崇伝書状案をみると、

二月十三日之芳札、同十六日、於駿府令披見候、先度者於江戸遂拝顔本望ニ存候、明星院之儀承候、其元之様子無案内ニ候間、慥之御訴訟於有之者、各参府候而可被仰上候、其刻御披露可申候、猶期後音不能詳候、恐々謹言、

二月廿一日　　　　金地院――

玉蔵院
宝泉寺
惣持寺

とあり、浦和玉蔵院・中野宝泉寺・西新井惣持寺といった武蔵の有力寺院が明星院になにか不満を持っていたらしく連署して駿府の崇伝の許に訴えていた。崇伝はこの書状と全く同趣旨のものを知足院光誉にも出しており、理由は明白でないが、新興の明星院祐長の強引なやり方に対して在来の関東の有力寺院が不満をもったのであろう。後述する真福寺・知足院・円福寺・弥勒寺の江戸四箇寺の触頭制度の成立との関係であるが、このように慶長十八・九年頃明星院が触頭的な役割を果しており、しかも玉蔵院・宝泉寺・惣持寺等の在来の有力寺院が明星院と対立しているところをみると、まだ江戸四箇寺による触頭の制度は成立していなかったものと思われる。

明星院が触頭的な役割を果していたと思われる最下限の史料は『義演准后日記』の元和元年九月朔日・二日・三日の条である。

九月朔日、真言諸法度朱印、関東へ写テ可相触ニ付、智積院へ先日相談、近日慥便宜在之、可被遣由申来、
二日、晴、真言法度朱印三通、光台院ニ仰写之、明日関東中触ニ可下用也、予裏判加之、明星院・玉蔵院・真福寺三ヶ所へ遣之、成身院副状也、智積院へ渡之、
三日、晴、智積院へ朱印写遣之、真福寺へハ御無用之由申来了、

とあり、元和元年七月家康から諸宗寺院法度の一環として出された真言宗法度を関東の真言宗寺院に伝達する方法を三宝院門跡義演は智積院日誉に相談している。そしてこの法度の写は義演が裏判をして、日誉経由で倉田明星院・浦和玉蔵院・江戸真福寺の三カ寺に出されることになった。しかし日誉の申入れにより真福寺は取止めになった。これ

をみると真福寺がかなり抬頭してきたようであるが、依然明星院や玉蔵院が当時の関東の新義真言宗寺院の代表であったようである。

一方、真福寺・知足院・円福寺・弥勒寺の江戸四箇寺はそれぞれ何時頃から抬頭してきたのであろうか。

『義演准后日記』慶長十五年四月十四日の条に、

十四日、青山富六来、知足院来、真言宗也、宿坊申度トテ真福寺ト相論了、雖然真福ハ最前箱根マテ使僧申入、先約ニ付不及力真福ニ相定了、仍知足院不足ノ体也、

とある。慶長十五年四月の義演の第一回江戸下向に際して、江戸真福寺は箱根まで使者を出して、義演に真福寺を宿坊とするよう申し入れている。そこで義演は真福寺に宿泊することになったが、その後知足院が義演に宿泊するように申し入れ、真福寺と知足院の争いになり、先約により真福寺の勝利となっている。この頃、真福寺と知足院が江戸を代表する真言宗寺院であったようである。更に慶長十八年六月三日には徳川秀忠は特に義演の泊っている新造の真福寺に出かけている。おそらく真福寺の新造には秀忠の助成があったものと思われる。

『義演准后日記』慶長十八年六月十六日の条には、

注連祓法度状四通、知足院江相渡之、関東触可申由雖仰之、文言出入在之、俄難改故、只一通渡之、

（法度案文略）

修験道両御判写、同知足院へ渡之、明星・玉蔵・一乗・真福へ可遣由仰了、

とあり、修験の注連祓法度が知足院光誉に渡され、関東中に触れるようにといわれている。この時は倉田明星院・浦和玉蔵院・水戸一乗院・江戸真福寺に遣わすようにいわれており、これらの寺院が関東の真言宗寺院を代表していたようである。知足院はすでにこの時点で触頭的な役割を果しているが、前述の如く江戸四箇寺の制度は成立していな

い。『本光国師日記』をみると、この頃知足院光誉は度々駿府・長谷寺・高野山に出かけたり、義演から法流伝授をうけようとしたり、大坂の陣に供奉するなど非常に幅広い活動をしている。例えば元和二年(一六一六)の『本光国師日記』をみると、七月二十八日には箱根別当金剛王院の後住について、同八月二十三日には京都北野千本養命坊のことについて天海と争ったり、同十月十九日には相模大山八大坊後住について、同二十八日には京都上品蓮台寺正意房死去につき後住のことについて、同十一月十七日には大和三輪先達後住のことについて等々、知足院光誉は崇伝と連絡をとっており、光誉は新義・古義をとわず真言宗内における幕府の触頭的な役割を果していたことがわかる。しかし光誉の役割は、確証はないが、秀忠の乳母おにしの子とされるなど、光誉は崇伝や奥年寄おにしと密接な交渉をもっており、彼の個人的政治手腕によっているところが多く、江戸四箇寺の権能を越えているところもあり、何年から江戸四箇寺入りしたか明白でない。

円福寺は下妻円福寺俊賀が、一山内の公事の責任をとって隠居した従来の江戸愛宕別当遍照院の神証に代って入寺し、寺名も円福寺と改名したのである。そのため円福寺の成立は俊賀がいつ愛宕の住持になったかを考える必要がある。『本光国師日記』元和二年十二月十五日付の崇伝書状案には、

一書令啓達候、(中略)来春ハ早々罷下、可得御意候、御前御次而之刻ハ、御取成所仰候、随而為上意、円福寺被罷下候、其地愛宕之住持被仰付旨、円福寺物語にて承候、別而忝由被申事候、(後略)

十二月十五日

松平右衛門佐(正綱)様　人々御中

とあり、元和二年十二月幕命によって下妻円福寺俊賀が愛宕の住持に任命されている。しかし卯月三日付の松平正綱書状には、

尊書殊ニ木綿踏皮五足被懸御意候、遠路寄思食辱存候、随而内々御訴訟之儀円福寺俊賀被仰候段、具ニ承リ候、併日光遷宮ニ付テ為御迎駿州へ罷越、彼地より致御供、参方ニ致候故御馳走不申上候、乍去近日御上洛候条、於上方可得御意候、恐惶謹言、

卯月三日　松平右衛門佐　正綱（花押）

智積院様　尊報

とある。この書状は日光遷宮の経過から考えて元和三年のものであり、俊賀の愛宕住持成りは順調ではなく、この頃に正式に決定したようである。そのため愛宕円福寺の成立は元和三年四月以降であろう。円福寺の寺格は、幕命により俊賀が入った寺であり、日誉門下の三傑の一人といわれる俊賀の実績から考えて、成立後すぐに江戸四箇寺的な役割を果すことは可能である。しかし元和三年四月以前には愛宕円福寺はなかったはずである。ここでも円福寺俊賀と幕府年寄衆松平正綱との結び付きが予想される。

弥勒寺については史料が少ないが、『義演准后日記』慶長十八年（一六一三）六月五日の条をみると、江戸弥勒寺宥鑁が義演から法流を印可されており、これ以前に弥勒寺が成立していたことがわかる。また同日記の元和五年七月十日の条に、

武州江戸弥勒寺者、法印宥鑁新構之為密法之地、則依令蒙当御門主之印可、補直末寺、被遣御筆之血脈訖、自今以後励事教之行学、可専御当流之興隆旨、三宝院准三宮御気色之所候也、仍如件、

元和五年七月十一日　成身院　演賀　在判

弥勒寺

とある。これをみると、弥勒寺は宥鑁によって創建された寺であり、成立後すぐに義演の印可を受けたとあるので、

慶長十八年頃に成立した新興の寺であり、元和五年七月に醍醐三宝院の直末寺となり、寺格が調うのである。弥勒寺宥鑁は下総国香取の出身であり、秀忠付の年寄衆の領主安藤対馬守重信の推挙によって江戸に寺を建立したといわれている。このように江戸四箇寺はなんらかの形で徳川秀忠と接点をもっていたことは極めて注目される。

これまで江戸四箇寺の個々の成立年次と寺格について順次検討してきたが、江戸四箇寺触頭制度の確立は、個々の寺の成立年次から考えると、円福寺俊賀の愛宕住持成りからみて、元和三年四月以前ということはありえない。更に四カ寺個々の寺格から考えて、私はもっと積極的に弥勒寺の寺格が確立する元和五年七月以前に、江戸四箇寺の触頭制度はなかったのではないかと考えている。

以上によって私は江戸四箇寺触頭制度の成立の上限は元和五年七月以降でなければならないと考えている。

一方、江戸四箇寺成立の下限は何年であろうか。

既にこれは坂本氏によって指摘されているが、『本光国師日記』所収の元和九年正月二十三日付の崇伝書状案には、

正月十一日之尊書両通、同廿三日令拝見候、為年頭之御祝儀銀葉一片芳恵、御懇志之至、不知所謝候、如御紙面、貴院之所化衆、旧冬直訴被仕由承及候、具之儀ハ不存候、何角申分出来之体笑止ニ存候、不及申候へ共、御分別ニ過間敷候、当地四ケ寺之衆へも、能々被仰談尤ニ候、拙老儀、依体春中可罷上候、猶御使者へ申渡候条、不能詳候、恐惶謹言、

(元和九年)
正月廿三日　　金地院――

智積院　尊報

とあり、智積院日誉に対して、崇伝は智積院の所化が直訴したことは大変遺憾であり、裁許については当地四カ寺に相談するようにといっている。この当地は坂本氏が主張されるように、崇伝の行動から考えて、江戸のことであり、

「当地四ケ寺」は「江戸四ケ寺」のことである。この公事の裁許は後の江戸四箇寺の権能と一致しており、元和九年正月には江戸四箇寺の触頭制度が成立していたと考えてよいのではなかろうか。

　これによって、私は新義真言宗の江戸四箇寺の触頭制度は元和五年以降、同九年正月以前に成立したものであろうと前掲論文中で主張してきた。

二　江戸四箇寺の成立年次

　これまでの研究により江戸四箇寺の触頭制度が元和九年（一六二三）正月以前に成立していたことが明白であるが、成立当初の江戸四箇寺については実情が明確でなかった。ところが、吉見の息障院から見つかった元和八・九年、寛永元年の息障院と金剛院の本末争いに関する一件史料六点の往復書簡は、初期の江戸四箇寺の実情を解明するのに格恰の史料であり、順次紹介を兼ね、内容を検討してみたい。

　息障院所蔵の寛永元年（一六二四）四月三日付の武蔵諸本寺廻状には、

　武蔵吉見息障院末寺金剛院者、違背本寺仕ニ付而、去々年（元和八年）智積院僧正（日誉）御下向之時、訴訟申候処ニ、至当春中、従彼僧正擯出之御状下候間、則差添令進候条、各於御同心者、御加判所仰候、仍連判之状、如件、

寛永元年四月三日　　息障院　深秀（花押）

知足院　光誉（花押）
弥勒寺　宥鑁（花押）
円福寺　俊賀（花押）
真福寺　照誉（花押）

蕨武州之内
三学院　宥遍（花押）

浦和
玉蔵院　宥乗（花押）

与野
円乗院　賢心（花押）

植田谷
林台寺　宥秀（花押）

加村
円福寺　永繁（花押）

忍
遍照院　永慶（花押）

長野
長久寺　宗吽（花押）

羽生
小松寺　長雅（花押）

羽生
正覚院　宥賢（花押）

寄西
竜花院　尊雄（花押）

菖蒲
吉祥院　日栄（花押）

倉田
明星院　祐長（花押）

鴻巣
持明院　淳海（花押）

馬室
常勝寺　尊宥（花押）

箕田
竜珠院　宗快（花押）

勝呂
大智寺　俊界（花押）

越生
報恩寺　玄秀（花押）

高麗
聖天院　慶誉（花押）

成木
愛染院　賢宥（花押）
三田
金剛寺　栄宜（花押）
大久野
西福寺　頼俊（花押）
横沢
吉祥院　海誉（花押）
大幡
宝生寺　頼広（花押）
高幡
金剛寺　良仙（花押）
武州符中
妙光院　良昌（花押）
伊草
金乗院　覚清（花押）
三保谷
光徳寺　円祐（花押）
北武蔵長井間々田
能護寺　栄智（花押）
深谷蓮沼
惣持寺　勝範（花押）
安保
吉祥院　広誉（花押）
三波川
金剛寺　光重（花押）
栗崎
有勝寺　頼尊（花押）
下児玉
勝輪寺　同人（頼尊）
針賀野
弘光寺　重広（花押）
武州岩付
弥勒寺　元雄（花押）
同州寄西郡中嶋
金剛院　尊慶（花押）

同州越ケ谷
高照院　賢尊（花押）
同州大相模
大聖寺　長誉（花押）
武州下足立西新井
惣持寺　賢真（花押）
（別紙）武州小平
「成身院代僧乗蔵（花押）」

とある。これをみると、寛永元年四月に吉見の息障院の末寺金剛院が本寺に違背したため、京都の本山智積院日誉の命によって、金剛院は一宗追放になっている。しかも本寺息障院深秀はこの命を伝える日誉書状を証拠として、江戸四箇寺と武蔵の諸本寺に廻状を出し、加判を求めている。加判している最初の四カ寺が、所謂江戸四箇寺であり、他の四十カ寺はいずれも寛永十年の「関東真言宗新義本末寺帳」に記載されている武蔵の本寺格の寺院であり、このような方法で最終決定である金剛院の一宗追放は武蔵諸寺院に伝達されていったようである。

なお、本書状は紙質、花押等からみて写のように思われ、紙の継目にも若干出入が認められるが、次の孟春十五日付の日誉書状、二月二十七日付の深秀書状によって、このような廻状が出されたことが確認できるので、内容的には充分信頼することができる。

ところで息障院と金剛院の本末争いは、元和八年に智積院日誉が関東に下向した頃からすでに問題になっていたようである。息障院所蔵の八月十四日付の日誉書状には、

尚々、其表連判之衆、不及是非儀候、悪僧共之申儀を承引候而連判之儀、各々無分別之至候、於爰元悪僧不申出候間、従此方も不及存候、以上、
好便候条一書令啓達候、貴寺金剛院と出入之儀ハ当寺公事ニ取紛候而、是非之沙汰無之候、知足院と此中不和罷成候間、聽而和談可申候間、相談申候て、委可申達候、随而徒者共其表連判仕候由承及候、貴寺連判不被成候由

忝存候、於爰元其連判ハ一円沙汰不申候、擯出之者共別ゟ申入候、愚老於爰元御前之仕合者不相替候、長久寺へ此等之趣頼入候、恐々謹言、

(元和八年)八月十四日　智積院　日誉(花押)

息障院　御同宿中

とある。本書状の年代推定であるが、日誉が「当寺(智積院)公事ニ取紛候而、是非之沙汰無之候」といっており、具体的な裁許をしておらずもっとも初期の手紙であることがわかる。そしてこれは前述の『本光国師日記』の元和九年正月二十三日付の智積院宛の崇伝書状の中で、「如御紙面、貴院之所化衆、旧冬直訴被仕由承及候」とあるように、元和八年の冬頃智積院内で所化衆の公事が起っていたことを指しているのであろう。元和九年の可能性もあるが、元和九年と推定される次の霜月十六日付の日誉書状の中で、「金剛院末寺之出入之儀、去夏愚老以異見末寺相究候処」とあり、更に前述の寛永元年四月三日の廻状の中で、「去々年、智積院御下向之時訴訟申候処」とあることにより、元和八年のものと考えられる。この頃の日誉は息障院から金剛院との本末争いを訴えられても、智積院の公事や、江戸知足院光誉との不和などにより、即座に争いを裁許できるような状態ではなかったようである。

同じく霜月十六日付の日誉書状には、

尚々、先々一往金剛院へ申届候而、追而委可申達候、以上、

両度之来札令披見候、金剛院末寺之出入之儀、去夏愚老以異見末寺相究候処、金剛院違変之由案外至極候、従貴寺之一ツ書、又江戸四ケ寺返札之写、披見令得其意候、乍去一往金剛院同門中へ遣書札、依其返状江戸四ケ寺へ一往談合申、擯出之書状可進之候、少も疎意者不存候、将亦去夏金剛院へ相渡候墨付之写可進候得共、案書今程置失申候間、無其儀候、文言ハ大体貴寺へ進趣候、以来貴寺・金剛院住持之事ハ、灌頂執行血脈相承候者、器量

之方へ符属可有之由述候、委者重而可申入候、恐々謹言、

霜月十六日　　　　　　　　　　　智積院　日誉(花押)

息障院　御報

とある。これは内容的に元和九年のものである。これをみると、息障院と金剛院の本末争いは元和八年夏、智積院日誉の意見によって一応金剛院が末寺に決定していたことがわかる。しかし金剛院は再度この決定に背いており、息障院は一ツ書の訴状と同趣旨の江戸四箇寺の書状をつけて金剛院の不法を智積院日誉に訴えている。これに対して日誉は金剛院側の意見を再度聞き、更に江戸四箇寺と相談の上で、不法が事実ならば金剛院の一宗擯出の決定を伝達すると答えている。日誉も関東のことは不案内らしく慎重な態度をとっている。

本末争いの経過はさておき、本書状は江戸四箇寺の成立を考える上で非常に重要なものである。これ以前に元和九年正月二十三日付の崇伝書状の中に「当地四ケ寺」とあったことは前述したが「江戸四ケ寺」という言葉が出てくるのは、管見では最初の史料である。しかもこの江戸四箇寺は関東の新義真言宗寺院の本末争いに際して、京都の本山智積院に添状を出したり、裁許に際して智積院と相談するなど、後の江戸四箇寺の触頭制度の前身的な役割を果している。これは智積院が関東の状況について不案内であったというだけではなく、すでに江戸四箇寺の触頭制度が機能していたものと思われる。しかし後の寛永九年頃の江戸四箇寺の権能を比較すると、この時点では武蔵の新義真言宗寺院の本末争いの訴訟を、息障院深秀の申入れにより、直接智積院日誉が取り扱っており、江戸四箇寺には最終決定権はなかったようである。逆にいえばこの頃江戸四箇寺の触頭制度があったとしても、一般にはあまり浸透しておらず、息障院は旧来の慣例通り智積院日誉の下向をまって、直接日誉に裁許を願い出るような認識しかなかったのではないかと私は思っている。

次に孟春十五日付の日誉書状には、

追而当院就出入ニ、去春中悪僧共罷下長語を申廻之由候処ニ、許容無之由神妙ニ存候、悪比丘共棟梁人令擯出候へ共、松平右衛門助殿・永喜老・小池房(坊)、以文殊院を様々御佗言ニ候間、旧冬極月末ニ召還申候、委細口上可被申候、以上、

改年之祝儀珍重之不可在尽期候、仍金剛院不経数日悔還動(働)不儀候由、前代未聞之悪僧ニ候、則令擯出、江戸四ケ寺、武・上両国諸寺中へ以廻状申述候、早速可被触廻候、拙者秋ゟ所労気ニ候而、手前取紛、以書状不申入令無音候、委曲口上ニ申含候条、不能具候、恐々謹言、

孟春拾五日　　智積院僧正　日誉(花押)

息障院　寮下

とある。前述の元和九年霜月十六日付の日誉書状を踏まえて、日誉が金剛院の一宗追放を息障院に伝達しているものである。そしてこの決定を江戸四箇寺や武蔵・上野両国の諸寺中に廻状をもって触れ廻すようにいっている。この日誉の命をうけて作成されたのが、前述の寛永元年四月三日付の廻状である。そのため本書状は寛永元年正月十五日のものということになる。これによって元和八年夏から続いていた息障院と金剛院の本末争いは金剛院の一宗追放という形で結着がつけられたのであるが、私はこの本末争いについて、慶長十七年八月六日付の関東八州真言宗留書(『三宝院文書』)の連署には、両者共署名しており、従来息障院と金剛院は、それぞれ個々に独立しており、具体的な本末関係はなかったのではないかと推定している。それを幕府の寺院政策の枠の中で本末の規制が実施されてくると、法系的、地域的な結合の中で、本末関係が明確に打ち出されてくる。この過程の中で隣接した息障院と金剛院の本末争いが起ったものと思われ、必ずしも金剛院側に非があったとは思われない。しかし一度本山側で決定したことは絶対

であり、その命に従わなかった金剛院は一宗追放となったのであろう。ここでも幕府の封建的な宗教行政の一端がうかがえる。

更に息障院深秀が日誉の決定を江戸四箇寺に伝達しているが、この伝達方法が非常に注目される。

二月二十一日付の江戸の知足院光誉書状には、

以上

遠路御使札過分至極候、仍貴寺之末寺金剛院、先年智積院御下向之時分、御取扱にて末寺ニ相定、双方へ書付御出候事、其砌智僧正愚僧式ニも御物語候故、能々存候処、無程構非分出仕不被申候ニ付、此度従智積院、彼金剛院可有擯出之旨、御紙面之通令得其意候、誠悪僧不及是非候間、急度可被仰付候、恐々謹言、

二月廿一日　知足院（光誉）（花押）

息障院　御返報

とある。これは知足院の項で前述した光誉から息障院深秀に宛てられた書状であるが、光誉は寛永元年十二月に没しており、内容からみて寛永元年のものである。これをみると知足院光誉は元和八年に日誉が関東に下向し、息障院と金剛院の争いを裁許した時に、日誉から相談をうけていたことがわかる。そのため今回の日誉の決定に際して、息障院からの連絡をすぐに承認している。前述のように光誉は元和八年頃日誉と対立していたようであるが、光誉は早くから真言宗内の触頭的な役割を果しており、日誉も光誉には一目置いていたようである。更にこのことは二月二十七日付の息障院深秀書状の宛所と対比してみればより明確である。同書状には、

以上

急度以書状申上候、仍而従智積院僧正御状被下候之間、則申届候、去々年申候愚僧末寺金剛院事、智積院御扱被

成候処を合点申候而、罷帰候上違変仕候、然間去年中智積院江其由申上候処ニ、当年中擯出之御状被下候、同江戸四ケ寺江与被仰越候間申届候、則御連判候而可被下候、爰元諸院へも連判可申請候、連判相極候上、江戸江持参申候而可懸御目候、諸余不廻思慮申達候、恐惶敬白、

息障院　深秀（花押）

二月廿七日

円福寺法印御房（後賀）

真福寺法印御房（照誉）

弥勒寺法印御房（宥鑁）　御同宿中

とある。これも内容からみて寛永元年のものであろうが、息障院深秀は江戸四箇寺の内、知足院光誉には、事前にしかも単独で了解を求めているが、他三カ寺にはその後に日誉の裁許を伝達している。これをみると、江戸四箇寺といっても日誉や深秀の対処の仕方からみて知足院光誉と他の三カ寺とでは差異があったようである。これも後の触頭江戸四箇寺の機能から考えると初期の極めて例外的な姿である。これは寺の格ではなく、光誉個人の力量によるものであろう。しかし江戸四箇寺としては非常に不完全な形であり、初期の例外的な姿であろう。

ここで問題になるのは江戸四箇寺の成立年次であるが、前掲論文の中で私は元和五年七月以降元和九年正月以前であると述べたが、本書状をみると、「去々年申候愚僧末寺金剛院事」とあり、本書状を寛永元年とすると、去々年は元和八年であり、これらの三カ寺は元和八年夏の両院の本末争いから関係していたことがわかる。更に前述の二月二十一日付の知足院の光誉書状によれば、光誉は最初からこの本末争いには関与していたことが明白であり、寛永元年同様不完全な形であるが、江戸四箇寺の全てが、この争いに関与しており、元和八年夏以前には江戸四箇寺の触頭制度が存在していた可能性が強い。しかもこの江戸四箇寺は最初から知足院・真福寺・円福寺・弥勒寺であったことが

わかる。しかし成立当初の江戸四箇寺は内部的にも不統一で、外部的にもあまりその機能が徹底せず、旧来通り智積院日誉の干渉をうけるなど、まだ絶対的なものではなかったようである。ただ日誉や光誉といった個人的政治手腕によって問題解決を図ってきた教団が知足院光誉を江戸四箇寺の枠の中に組み込み、組織的、機能的に問題解決にあたろうとしていた姿勢は認めることができる。しかしこれも幕府の宗教行政の枠の中で方向付けられたものである。ただより強大化した関東新義真言宗教団が必要に迫られて、このような組織化を図ったことも時期的に一致したのであろう。

以上、従来の研究成果を基本として、新出の息障院文書を中心として、初期の江戸四箇寺について検討を加えてきたが、次の三点が明白になった。

一、江戸四箇寺の触頭制度の成立の下限は従来元和九年正月以前とされていたが、これを元和八年夏以前と遡らせることができる。

二、江戸四箇寺は成立当初から知足院・円福寺・真福寺・弥勒寺の四カ寺である。

三、初期の江戸四箇寺は、内外共に機能的に確立した組織ではなかった。

三　江戸四箇寺制度の確立

成立当初の江戸四箇寺が機能的に確立したものではないと述べてきたが、それではいつ頃江戸四箇寺の機能が内外共に確立するのであろうか。このことについて考えてみたい。

山形県長井市遍照寺所蔵の筑波山知足院等七カ寺連署書状写には、

急度申入候、仍真言宗湯殿先達堅停止之旨、従　三宝院御門跡被仰出之由、武州明星院去正月廿八日之触状、先月中旬当地来着候之間、不審ニ存、則以飛札　三門様へ御尋申上候処ニ、曽不被仰出之由御書出之返状参候、但安保宝蔵寺と申小僧、去年上洛仕、真言宗湯殿行人以外公事有之候由、申上候処、諸事近年如有来可然之由、御諚候得者、彼者令下国、明星院致密談、従当年真言宗先達堅無用之由廻候儀、誠以掠上犯下之企、彼両人一宗之悪僧不及是非儀ニ候、所詮従　相国様御代如有来、真言先達異儀有間敷候間、各其御心得尤ニ候、恐々謹言、

筑波山 知足院　判
西新井 惣持寺　同
蕨 三学院　同
中野 宝泉寺　同
江戸 真福寺　同
同 弥勒寺　同
同 円福寺　同

五月三日

常州
諸真言宗
各御同宿中

とある。筑波山の知足院の別院が江戸知足院であるので、この書状は江戸四箇寺と武蔵の有力寺院三カ寺が連署して、湯殿先達に関する倉田明星院と安保宝蔵寺の非法を常陸の真言宗寺院に伝達しているものである。本書状は修験史料として重要なものであるが、それは別の機会に譲り、本論では江戸四箇寺関係のことについてだけ述べることにする。

まず本書状の年代推定であるが、江戸四箇寺の連署からみて元和五年以降のものであろう。下限は「三宝院御門跡」とあることにより義演准后が死ぬ寛永三年閏四月以前のものということになるが、五月三日という日時から考えて関東のことであるので、寛永三年迄可能であろう。この期間で「安保宝蔵寺と申小僧、去年上洛仕」とあるように、三宝院義演と安保宝蔵寺とが交渉をもったのは、寛永二年八月に宝蔵寺の盛胤が義演から印可をうけ、三宝院から当

山方修験法度を渡されているときだけである。安保吉祥院所蔵の当山修験法度には、

当山山伏諸法度未断由候間、可然仁体於有之者可申上候、其器量被　御覧似相之奉行可被　仰付事、

一、本山山伏雖為壱人、申掠当山江引申者於有之者、可被成御成敗之事、

一、当山山伏本山江以権威引取後、於有之者、御墨印趣随分申理可相済、但於本山無同心者、有様目安調可申上事、

一、当山山伏諸法度乱者於有之者、随分異見可申、不同心者、有様可申上事、

一、諸事不得　御意、私仁不申付事、

一、上武蔵、除江戸・上野・下野・常陸四ケ国、右之通可相触旨被　仰出所也、

寛永弐年　　　　　　　　　　　　　　　三宝院御門跡奉行

八月八日　　　　　　　　　　　　　　　喜多村筑後正成（花押）

侍従法眼　経信（花押）

成身院法印演賀（花押）

〔宝蔵寺〕

とある。この法度は宛所を切り取られているが、本来は宝蔵寺に宛てられたものであったと思われる。それは同六日付の宝蔵寺盛胤の義演からの印可状が近在の橋本家に残っており、宝蔵寺が廃寺になった際流出したものであろう。これをみると宝蔵寺は当山修験の上武蔵・上野・下野・常陸の四カ国の触頭に三宝院から任命されていたことがわかる。寛永二年八月に三宝院と宝蔵寺がこのような交渉をもっていたことから考えて、五月三日付の知足院等連署書状は、これ以降の寛永三年のもののように思われる。

この書状を寛永三年のものと推定することが許されるならば、この時点でもなお江戸四箇寺と関東有力寺院三カ寺

が連署して明星院や宝蔵寺の申し入れに対して異議を申し立てていることがわかる。明星院は早くから関東有力寺院と対立していたようであるが、ここでも対立していたことがわかる。しかしこれ以外に江戸四箇寺の触頭制度の成立以降明星院の動向は明確でなく、実際上はこれらの寺院にとって代わられていったのであろう。

『和州豊山長谷寺古今雑録』所収の「惣而四ケ寺之事」には、

其古は江戸ニ而四ケ寺と申事も無之、一派之談合評議は、中野宝仙寺・西新井惣持寺・倉田明星院迄、以上七ケ寺にて事相済すなり、然るに御当家罷成、此四ケ寺一派の触頭被　仰付、

とある。この書は元禄十年に長谷寺の学僧英岳によって書き上げられたもので、どのような根拠によって江戸四箇寺の由来を書き上げたか不明であるが、初期の江戸四箇寺は単独ではなく、関東有力寺院と共同で宗門行政にあたっていたことは事実であり、寛永三年の時点でもなお充分にその余韻を残していたことが、五月三日付の七カ寺連署書状によってうかがわれる。

それではいつごろから江戸四箇寺の機能が確立したのであろうか。寛永九年霜月七日付の常陸真壁の楽法寺所蔵の江戸四箇寺奉書には、

猶以近辺諸院中へも、法蔵院貴寺末寺ニ相究候通、用書簡事候、以上、
貴寺与法蔵院本末出入ニ付、双方遂穿鑿候之処、法蔵院先師之書物ニ貴寺可為末寺之旨、証文明鏡候間、任其旨、如前々之筋目、其方末寺相極候、此上之儀以来無疎意御入魂尤候、此段法蔵院へも以書状申渡候、為後証一書如此候、恐々謹言、
（寛永九）
壬申霜月七日　　真福寺　照誉（花押）
　　弥勒寺　宥鑁（花押）

常州真壁
楽法寺参

知足院　栄増（花押）
円福寺　俊賀（花押）

とある。このように、寛永九年になると、江戸四箇寺単独で常陸の楽法寺と法蔵院の本末争いを裁許し、法蔵院を末寺に決定している。『本光国師日記』の寛永九年九月三日付の道春書状案には、

一筆令啓達候、仍五山・十刹・本寺・末寺御書立候而可被下候、其寺々之領知之高をも、同御書添而可被下候、御尋之儀ニ御座候間、御存（知脱カ）被成候分被仰付、御目録頓而待入候、猶奉期参拝之節候、恐惶謹言、

九月三日　道春　在判

〆国師様（崇伝）　人々御中

とあり、寛永九年九月頃から幕府の命によって本末帳の作成の準備が始められていたことがわかる。この場合は臨済宗であるが、当然各宗共にこのような命令が出されていたものと思われる。新義真言宗も同様であったと思われ、後述する寛永十年の本末帳にも法蔵院は、楽法寺の末寺と記載されており、この両寺の本末争いは、寛永九年十一月であり、本末帳の作成過程で起った紛争であろう。

更に高尾薬王院所蔵の五月二十日付の江戸四箇寺奉書には、

猶々、於真言宗者破戒之儀一大事之儀ニ御座候間、能々御穿鑿所仰候、正音謬候者、如沙門制法可申付候、又百姓衆不実之儀申懸候者、為法度之間曲事被仰付可被下候、以上、

一書令啓上候、仍武州高尾山有喜寺門徒普門寺与申者、近年違背本寺之由、有喜寺来府候而訴訟ニ付、普門寺召寄様子承届候間、向後者無異儀致出仕候様ニ可申付段ニ相究候処、其後普門寺方之百姓共参府候而申様者、有喜寺門徒正音与申者ニ女難候間、普門寺有喜寺へ出仕相留候、女難之儀申懸人者、浄土宗ニ俊慶与申者ニ候由、百

姓衆申候条、則俊慶召寄対決承届候処、正音女難儀不存候間、努々百姓衆へ不申由、俊慶申候、然者出家計之儀候者猶令糺明、落居雖可申付候、百姓等訴人ニ出候間、御六ケ敷候共被遂聞召、急度被仰付可被下候、恐惶謹言、

真福寺　照誉（花押）
弥勒寺　宥鏤（花押）
知足院　栄増（花押）
円福寺　俊賀（花押）

五月廿日

御奉行所

とある。この奉書は、『結網集』によると、弥勒寺宥鏤は寛永十年に没して、隆長が住持となっていることからみて、寛永十年以前のものであろう。知足院が栄増とあるので、光誉没後寛永二年以降のものである。この間何年のものか明白でないが、有喜寺が直接江戸四箇寺に訴訟していること、また、四カ寺が単独で裁許していることから考えて、比較的この期間でも後半のものであろう。更に江戸四箇寺の触頭制度の確立をもっとも端的に示しているのは、寛永十年に作成された『関東真言宗新義本末寺帳』の奥書である。同奥書には、

右所載之寺院帳面之内、従他門他山聊以構有之間敷候、以上、

寛永十年癸酉五月十六日

江戸四箇寺　真福寺　照誉（花押）
弥勒寺　宥鏤（花押）
知足院　栄増（花押）
円福寺　俊賀（花押）

とあり、江戸四箇寺が中心となってこの本末帳を作成していたことがわかる。これらの史料をみると、名実共に触頭

としての江戸四箇寺の機能が確立したのは寛永九年以降、特に寛永十年の本末帳の作成過程において幕府の寺院政策を背景として確立したのではなかろうか。そのためか、これ以降、江戸四箇寺と関東の有力寺院が連署した史料は見当らない。これ以降は息障院や長久寺等の有力寺院さえ、この本末帳の記載について江戸四箇寺から詰問され、元禄四年(一六九一)十月には、鶏足寺末を醍醐報恩院末に改めているほどである。

まとめ

これまで述べたように、新義真言宗の江戸四箇寺の触頭制度は元和五年七月以降、同八年夏までの間に成立したものと思われる。しかし成立当初の江戸四箇寺は京都本山智積院や関東有力寺院の従来からの慣習的な支配を一掃することができず、これらの勢力と妥協しながら宗門行政にあたっていた。しかも四カ寺内部でも知足院光誉在世中は他の三カ寺との間では、寺格の相違があり、四カ寺としてまとまった機能は多少阻害されていたようである。それが寛永九、十年頃となると各宗共に幕府の命をうけて自己の宗派の本末帳を作成することになるが、新義真言宗でもこの本末帳の作成過程を通して、名実共に江戸四箇寺の触頭制度が確立してくるのである。

これは幕府の寺院統制策ともよく合致している。幕府はそれぞれの一宗の本山内部の紛争解決、或いは寺領安堵というような形でまず伝統的な本山を自己の支配下に置き、最初は従来の伝統的な本末関係を利用して教団の統制をはかっている。それが次第に軌道にのってくると、中央集権的な支配体制をより強化するために従来どちらかといえば、京都周辺に集中していた本山を遠ざけ、幕府の所在地周辺の有力寺院を新たに登用して、教団運営の実質的な権限を移行した。これは伝統的な権威をもつ上方の本山の力を牽制すると共に、幕府の息のかかった新興寺院を登用することによって、幕府の威信の徹底化と事務の円滑化をはかろうとしたためであろう。新義真言宗の江戸四箇寺の触頭制度の成立経過は時期的にみて幕府の寺院統制策にまことによく順応している。これらは宗門行政の実質的な支配権が幕府側にあったことを如実に物語っている。

第三章　天台宗の初期の執当最教院晃海と双厳院豪俔の役割について

——特に紛争時の対応を中心に——

一　最教院晃海の略歴

最教院晃海の略歴を紹介するにあたって、晃海の伝記史料としては「本覚院歴代記」(叡山文庫双厳院蔵『東叡山寛永寺子院歴代年譜』所収)、「東叡山寛永寺子院歴代主僧記」(『続神道体系』所収)、「千妙寺世代譜」などがある。いずれも同内容であるので、これらの史料の引用は省略して「本覚院歴代記」を中心に晃海の略歴を編年体で紹介し、一部その典拠となる古文書を補足しておきたい。

最教院晃海略年表　〈　〉内は私が追加したものである。

慶長八年(一六〇三)九月一日、京都にて中原〈平田〉職忠の次男として誕生。

慶長十六年(一六一一)、九歳にて比叡山に登り天海に師事す。

慶長十九年(一六一三)、十二歳にて勅命により禁中の論席において天海に従い問者を勤む。

同年九月、薙髪して、天海の命によって南谷桜本坊に住す。

元和二年(一六一六)、十四歳にて天海に従い関東に下る。

寛永三年(一六二六)、将軍徳川秀忠上京、晃海、天海に従いこれに扈従す。講場にて晃海問者を勤む。

寛永七年(一六三〇)、天海の命によって江戸城の山王城林寺に移住し、別当職となる。

寛永九年(一六三二)、妙法院宮の堯然親王より最教院の院室を賜る。

妙法院堯然親王書状(喜多院旧蔵文書)

芳札過量之至候、抑従　大樹(徳川家光)最教院々家ニ被仰付候通、於当門喜悦不過之候、則折紙之趣、具伝　奏へ申談候処ニ、官位昇進之時分、口　宣可相調之由候、猶従伝　奏可被申候条不具候、かしく、

(寛永九年)極月廿七日　(堯然)〈花押〉

(天海)大僧正　御房

寛永十二年(一六三五)、将軍徳川家光山王社領を六百石加増す。

寛永十四年(一六三七)、東叡山に日吉社を創建して、本覚院を営構す。

寛永十九年(一六四二)、三月一日、天海に従い法曼流の灌頂を勤む。晃海は大阿闍梨位。

〈寛永二十年(一六四三)十月、天海没。〉

〈同年同月、毘沙門堂公海寛永寺に住し、日光山を兼帯す。〉

同年、山門桜本坊を修補す。この年将軍徳川家光の命により天台宗の長吏となる。

慶安四年(一六五一)、天海の遺蹤江戸崎不動院を兼帯す。

承応元年(一六五二)十一月、葉上流の灌頂を勤む。晃海は大阿闍梨位。

同年九月、毘沙門堂公海の命によって、鎌倉宝戒寺を兼帯す。

承応二年(一六五三)、権僧正となる。〈「本覚院歴代記」は正僧正とある。誤りならん。〉

承応三年(一六五四)、伊達忠宗の請いによって仙台東照宮を建て、毘沙門堂公海の命によって、晃海遷宮の供養導師を勤む。〈「本覚院歴代記」は忠勝とあるが、忠宗の誤りならん。〉

伊達忠宗書状（萩野由之氏所蔵文書）

此度　権現様（徳川家康）為御迎、石川大和為相上申候、遠路御下向誠御太儀千萬奉存候、首尾能　御遷宮相済申様ニ与念願
迄御座候、猶頓而貴面可得御意候、恐惶謹言、
（承応三年）二月十三日　　松平（伊達）陸奥守　　忠宗（花押）
最教院（晃海）権僧正様　玉床下

毘沙門堂門主公海仙台東照宮別当三号許可状（仙台仙岳院文書）

東照宮大権現者、公武鎮護之霊廟、安国利民之明神矣、於此陸奥之太守羽林藤原朝臣忠宗（伊達）、仰無疆之神徳、致
無二之信敬、點于国内勝概之地、新築於社壇、将奉遷於　神祠、所以遣最教院権僧正法印晃海、遂尊神安座之
嘉会焉、兼又擬捧不退之法味、創建一院之梵于、而以請於三号、因茲称眺海山康国寺仙岳院、固是万代不易之
衛護、武威繁茂之太本、蓋以在此而已、
承応三甲午暦三月十七日　　毘沙門堂門主前大僧正公海（花押）

〈承応三年（一六五四）、公海、門跡を尊敬親王に譲る。〉
同年八月、守澄親王の命により黒子千妙寺を兼帯す。〈千妙寺では亮純と改名。〉
同年十一月、三昧流の灌頂を勤む。晃海は大阿闍梨位。
明暦元年（一六五五）二月、江戸崎不動院に不動尊堂を建立す。
同年、将軍徳川家綱より、江戸城紅葉山に東照宮仮殿の四足門を賜る。
明暦二年（一六五六）二月、僧正となる。〈宣旨には晃海とある。〉

晃海僧正宣旨(千妙寺文書)

上卿　柳原中納言
　明暦二年二月九日　宣旨
千妙寺権僧正晃海
　宜転任僧正
　　蔵人頭左中弁藤原資熙奉

万治元年(一六五八)、城林寺・本覚院を妙解院尭海に譲り、本覚院の傍に閑居し、金剛寿院と称す。寛文三年(一六六三)十一月二日、六十一歳にて没す。

二　南光坊天海生前の晃海

晃海が天海の侍者として常随していたので、多くの人々が晃海を仲介者として天海に連絡をとっている書状が多数現存している。二、三の例を示せば次の如くである。

寛永十年(一六三三)の二月十八日付の喜多院旧蔵の京都曼殊院門跡良恕親王書状には、

　尚々、薫物一種送之候也、
去年者院家ニ被成　勅許候由、預使者、殊十帖一本祝着之至候、仍今度従大僧正(天海)、当門末寺証文御尋ニ付、西池主膳・千種木工両人指下候、於其許可然様頼入候、かしく、
　(寛永十年)二月廿八日　(良恕)(花押)
最教院

とある。去年院家成とあるので、この書状は寛永十年のものである。この時に曼殊院は天海から末寺証文の提出を要請されていた。曼殊院側は西池・千種の両人を江戸に派遣して、最教院晃海に天海への取成を依頼している。これが天海と晃海の結び付きを示すもっとも典型的な事例である。

次に年未詳の五月十四日付の早稲田大学所蔵の最教院文書所収の中根壱岐守正盛書状には、

（追而書省略）

一書令啓上候、先以　公方様（徳川家光）弥御機嫌能候由御座候、御膳も御使被召上候間、御気遣被成間敷候、乍去、可被気取此間者少御気おもく被成御座候由、　御意ニ御座候、其元御息災ニ被成御座候由、目出度奉存候、御用之儀御座候而、最教院御使ニ被遣候、　上意之通最教院ニ申渡候間、不及申入候、御祈念之義者、大僧正ニ御まかせおかれ候由申せとの　御意ニ御座候、何時分爰元へ可被帰候哉、何共不申越候哉与存候、　御尋被出候、六月御期日ニ中禅寺御参詣為済申候て、早々御帰御尤奉存候、恐惶謹言、

五月十四日　中根壱岐守（正盛）（花押）

大僧正様　御同宿中

とある。この書状は中根正盛が壱岐守と署名しているので寛永十五年以降のものである。文面からみて、日光にいる天海に、江戸から中根正盛が将軍徳川家光の病状と意向を、最教院晃海を使者として派遣して伝達している。このように晃海は将軍徳川家光の意向を直接天海に伝達する役割を果している。

次に浅草金蔵寺所蔵の二通の書状から最教院晃海の立場を考えてみたい。

六月十八日付の老中土井大炊頭利勝等連署書状には、

以上

尊書致拝見候、東叡山大門之道出来、幷山王御旅所之屋敷相済御満足之由尤存候、将又八町堀金蔵寺替地屋敷之事承候、奉得貴意候、疎意存間敷候、恐惶謹言、

六月十八日　松平伊豆守　信綱（花押）

酒井讃岐守　忠勝（花押）

大僧正　土井大炊頭　利勝（花押）

尊答

六月十日付の普請奉行朝比奈源六等連署書状には、

以上

一書令啓上候、仍而金蔵坊寺地之儀、今日相済申候、先者大僧正様(天海)被加　御言葉候条、御次テ之節、右之旨可被仰上候、恐惶謹言、

六月十日　黒川八左衛門　（花押）

最教院　駒井次郎左衛門（花押）

御侍者中　朝比奈　源六　（花押）

とある。後者は朝比奈源六が普請奉行に就任するのが寛永十六年であるので、これ以降のものであろう。前者の老中連署書状も月日は後であるが、おそらく同年のものであろう。前者は老中衆から天海へ、後者は普請奉行衆から晃海への書状である。両者の格付けの関係もあるが、老中酒井忠勝等から直接晃海への書状も多数あるので、それだけの問題ではない。普請奉行衆から直接天海宛に書状を出すことは憚られるが、この書状の内容をみると、天海の意向を受けて、普請奉行衆と直接対応していたのが晃海であったものと思われる。

天海と晃海の関係の説明は以上に留め、本論の主眼である紛争時の晃海の対応を紹介してみたい。

寛永十三年（一六三六）の十月六日付の京都妙心寺所蔵の寒松院僧正弁海等連署書状には、

已上

一筆令啓候、然者去六月之時分、大愚之儀付而、妙心寺為一山を被存、従大僧正（天海）書状被遣候、于今御返事無之、無心元被存候、大愚非道に相極候哉、左様候はゝ不及是非候、何篇御分別被成、御報待入候、此旨諸老中へ御披露所仰候、恐惶謹言、

（寛永十三年）十月六日　　護国院（生順）（花押）
双厳院（豪倪）（花押）
最教院（晃海）光（花押）
寒松院僧正（弁海）（花押）

妙心寺
御役者中

とある。この書状は天海が妙心寺に大愚の赦免について申入れをした時のものである。この一連の書状の中に「今度日光山東照大権現廿一年之御法事付」とあるので、寛永十三年のものである。これは寛永十三年六月に天海が大愚の赦免を妙心寺に申入れたが、なかなか妙心寺側から返事がないので、天海付の寒松院弁海・最教院晃海・双厳院豪倪・護国院生順の四人が連署して返事を催促しているものである。この事件ではいずれもこの四人が連署して対応している。この時の四人の年齢は弁海は七十五歳、晃海は三十四歳、豪倪は四十九歳、生順は五十歳である。晃海の若年振りが際立っている。

次に年未詳の九月朔日付の早稲田大学所蔵の最教院文書所収の寺社奉行堀市正利重・安藤右京進重長連署書状に、

昨日者御状令拝見候、然者冨士山伏辻之坊与大教坊出入之儀、大僧正様（天海）被聞召、思召之通被仰越候趣、得其意存候、委曲期面上之時候、恐惶謹言、

九月朔日　　安藤右京進　重長（花押）

堀　市正　利重（花押）

最教院（晃海）

竹林坊（盛憲）

双厳院（豪倪）　回章

とある。この書状の年次は、堀利重の寺社奉行在任期間は寛永十二年十一月から同十五年四月までであるので、寛永十三、十四年のものであろう。この書状をみると、天海は冨士山伏の出入について、寺社奉行衆に申入をしていた。それに対して寺社奉行衆は天海の申入を領掌した旨、天海付の最教院晃海・竹林坊盛憲・双厳院豪倪の三人に伝達している。

次に寛永十四年二月二十四日付の群馬常光寺所蔵の常光寺檀那衆直末申請書と同裏書には、

上州小坂村新寺此度御直末申請付而一札之事

一、小坂村之内諸旦那今度天台宗ニ極、末代迄彼寺之旦那ニ罷成、寺代々御馳走可申候、殊ニ田地諸役之儀御寺家へ懸不申、郷中諸旦那つくのひ（繕）可申候、此旨少も相替儀有間敷候事、

一、小坂ニ隠居之御借被成候金子、御手形次第我等調、後坊主へ相渡し可申候、為後日一札如此候、仍如件、

寛永拾四年丑ノ二月廿四日　　小坂村　伊藤長右衛門（花押）

惣旦那共　（印）

双厳院（豪倪）様

覚音坊様

寂光院（玄海）様

最教院（晃海）様

寒松院（弁海）僧正様

（裏書）

右表書之通、自今以後念入新寺相続候様肝要者也、

双厳院（花押）

覚音坊（花押）

寂光院（花押）

最教院（花押）

寒松院（花押）

とある。この時に小坂の常光寺の檀那衆から寛永寺に直末寺成の願いが出され、寛永寺側ではこれらの五人が対応して、裏書をみると連署して許可していることがわかる。この五人が連署して対応している事例は大変珍しい。常光寺にはこの時の関連史料が現存しているが、別の機会に紹介したい。

次に年未詳二月四日付の川越中院所蔵の上野執当衆奉書には、

尚々、去年其元御建立被成候へ共、一度も不罷出之由、惣而我儘者と見へ候まゝ、御穿鑿御油断有間敷候、

猶もって勘右衛門殿被入御念候様ニと被仰候、以上、

態令啓候、仍而志垂之郡（入間郡）安養院と申者、中院檀那を我儘弔申之由、曲事ニ候、就其彼者従中院追放被申候処、承引不申帰寺仕居申候由、重々徒者ニ御座候、急度被遂穿鑿、此方へ可被申上候由、大僧正様（天海）御意ニ候、右中分無之候ニおいてハ、早々御追放尤ニ候、恐々謹言、

二月四日　　　　　　　　　　　(上野執当衆)双厳院　豪倶(花押)
　　　　　　　　　　　　　　　最教院　晃海(花押)
寺家衆
　正観坊
　　池田勘右衛門殿

とある。これは中院末寺の府川安養院が勝手に中院檀那の葬儀を執行したので、中院から追放処分にしたが、安養院側は承引していなかった。そこで天海から再度追放処分にするように双厳院豪倶と最教院晃海を通して、中院の関係者に伝達しているものである。年次は未詳であるが、天海の意向を伝達しているものであるので、寛永二十年以前のものである。両者を上野執当衆と呼称することの是非は「まとめ」で検討するつもりである。

　この問題はさらに複雑に展開する。同じく年未詳の三月十二日付の中院所蔵の上野執当衆奉書には、

一筆令啓候、此中ハ無音候、然者府川安養院追放付而、八郷之名主・百姓共致手形、侘言申之由候間、御ゆるし被召返可然存候、併大僧正(天海)立御耳御追放之処、無程罷帰候儀、不被得御意候間、我々内々にて申事候、次而を以大僧正へ右之通、中院へ申進候と可申上候、以来我まま仕間敷と、名主・百姓共手形仕、侘言仕候ハハ、被召返可然存候、恐惶謹言、

　三月十二日　　　　　　　　(上野執当衆)双厳院　豪倶(花押)
　　　　　　　　　　　　　　最教院　晃海(花押)
中院　御報

とある。これをみると、安養院の追放処分は名主・百姓共の侘言によって取り消されている。しかしこの追放処分は天海の了解をとっていることであり、処分の取り消しは両執当衆が内々承知しておき、しかるべき時に天海に報告するといっている。両執当衆がある程度の裁量権をもっていたことがわかる。年次は未詳であるが、前者と同年のもの

で、しかも天海の晩年のものであると思われる。

もう一点両者が天海の晩年には執当を勤めていたと思われる史料を紹介しておきたい。寛永十九年の極月四日付の武蔵慈光寺所蔵の上野執当衆奉書には、

　　尚々、西蔵坊（慈光寺衆徒）・宝寿坊、就　御朱印之儀、爰元へ被上、寄特思召候、以上、

今度慈光寺之　御朱印、従大僧正（天海）様被仰候故、早速被成下候、重而住持被仰付候砌、学頭へ御渡可被成之旨候、

恐々謹言、

　　（寛永十九年）極月四日　　　　　　双厳院（上野執当衆）　豪倪（花押）

　　　　　　　　　　　　　　　　　　最教院　晃海（花押）

　　　慈光寺　惣中

とある。天海在世中の慈光寺の朱印状下附は寛永十九年だけであり、この奉書はこの時のものであろう。この朱印状の下附は両執当衆の仲介によったものであろう。

これらの事例に見られるように、最教院晃海は天海在世中は常に天海の許に仕えて、弟子達の中心的な役割を果していたことがわかる。

次に寛永二十年九月十七日付の世良田長楽寺所蔵の長楽寺灌頂法物等定書には、

（天海）
（花押）　長楽寺灌頂法物等之事

一、伝法灌頂　　正受者　黄金弐分　　平受者　黄金壱分

一、瑜祇灌頂　　　　　　黄金壱分

一、秘密灌頂　　　　　　黄金壱分

一、曼供導師　　　　　金子壱両

一、式頂戴　　　　　　　　　　　鳥目五拾疋
一、大阿闍梨　　庭儀　初日　黄金七両　二日　黄金六両　三日　黄金五両
　　　　　　　當正　黄金参両　門供　黄金弐両　追込　黄金壱両
一、大徳　　　　　　（脱カ）
一、権律師　　　　　　黄金弐分
一、正律師　　　　　　黄金参分
一、権少僧都　　　　　黄金壱両
一、権大僧都・法印　　黄金弐両

右所定如件、
（朱印）寛永二十癸未歳九月十七日
　　　　　　　　　　　　　　　　　双厳院　豪（豪俔）（花押）
　　　　　　　　　　　　　　　　　最教院　晃（晃海）（花押）
　　　　　　　　　　　　　　　竹林坊権僧正　盛（盛憲）（花押）

とある。このように晩年まで竹林坊盛憲が連署に加わっている事例もある。

三　天海没後の晃海

寛永二十年の十月八日付の日光輪王寺所蔵の本多伊勢守忠利書状には、

一書令啓達候、然者大僧正（天海）様去二日に御遠行之由、是非を可申達様無御座候、就其各様迄、以使札如此御座候、
恐惶謹言、

本多伊勢守　忠利（花押）

十月八日（寛永二十年）

双厳（豪俔）院様

最教（晃海）院様　人々御中

とある。天海は寛永二十年の十月二日に亡くなっている。このようなお悔み状が輪王寺に多数残されており、すべて『慈眼大師全集』下に所収されている。宛所が毘沙門堂公海か、双厳院豪俔と最教院晃海の両執当になっているものが多い。

次に寛永二十一年二月十七日付の須賀保治家所蔵の真光寺訴状案をみると、

乍恐以書付申上条々

一、武州足立郡芝之郷氷室大明神社領高拾五石之　御朱印御座候、此境内長徳寺と同山之内ニて御座候得共、従往古境内きひしく仕来候事、

一、此両寺之堺目稠敷仕来候処、御代官熊沢三郎左衛門殿廿三年以前より長徳寺之門前に居住被成候て、菩提寺ニ御頼候付、新観音堂御建立候、其堂之境地せまく候とて、氷室大明神之境内竪百五拾間横拾三間御取候て、長徳寺之境内へ御入候、　天下御祈禱之大明神之御山、加様ニ被仰付候事迷惑ニ奉存候事、

（中略）

右之条々、三郎左衛門殿へ被仰渡、御尋之上可申上候、以上、

寛永廿一年二月十七日　　氷室明神別当　真光寺

最教（晃海）院様

双厳（豪俔）院様

護国院（生順）様

とある。これは川口市の禅宗長徳寺と氷室明神の境内地の堺目の争いを、氷室明神の別当真光寺が東叡山に訴えている訴状案である。ここで注目されることは、宛所が最教院晃海と双厳院豪倪と共に護国院生順の名前が記されていることである。

次に正保三年（一六四六）の極月十八日付の千妙寺所蔵の大老酒井讃岐守忠勝書状には、

明日吉日ニ候間、上野・仙波幷三州瀧御朱印・年中行事相渡可申候間、四ツ半之頃瀧山寺も御同道候て、御両人可有御登城候、此由毗沙門堂御門跡（公海）へも可被申達候、恐々謹言、

酒井讃岐守　忠勝（花押）

（正保三年）極月十八日

最教院（晃海）

とある。この書状は瀧山寺の朱印状下附が正保三年十二月十七日であるので、同年のものであろう。最教院晃海は天海の時代と同様に幕閣と毘沙門堂公海との間の連絡役を勤めていることがわかる。

次に慶安元年（一六四八）と思われる三月十九日付の萩野由之氏所蔵の大老酒井讃岐守忠勝書状には、

已上

一筆申入候、梶井御門跡（慈胤）・毗沙門堂門跡（公海）ゟ被仰談候事在之付而、日光へ余之御門跡方ゟ五、六日早ク御着之由ニ候、最前ゟ貴殿なと之申候通、来月朔日ゟ従公儀之御馳走人相付御賄之事候、其前者御忍之分ニ而、此方ゟハ御構無之候間、此段毗沙門堂門跡へも被申入、其方ゟ之御馳走可然存候、前廉ゟ右之通申談事候へ共、為念如此候、恐々謹言、

（慶安元年）三月十九日　酒井讃岐守　忠勝（花押）

最教院（晃海）　参

とある。これは慶安元年の東照宮の三十三回忌に際して、梶井門跡慈胤と毘沙門堂門跡公海が相談事があるので、他の門跡方より先に日光に到着することになった。それに対して幕府側は三月中は非公式であるので、日光側でこれらの人々の面倒をみるように最教院晃海に伝達している。ここでも晃海が幕閣と公海との間の連絡役を勤めていることがわかる。

次に年未詳の六月二十二日付の千妙寺所蔵の中根壱岐守正盛書状には、

先刻者尊書致拝見候、御帰之儀、則達　上聞候、大僧正（天海）時とハちかい申候、日光ニ学頭罷有候へ共、万事之儀申付候事ハ成間敷候間、双厳院（豪倪）と最教院（晃海）両人壱人つゝ日光ニ罷有、万事之儀申付候様ニ可被申付候、今度双厳院参候間、最教院を遣し可被申旨　上意ニ御座候、最教院へも　上意御座候間申入候、明日内之　御宮迄先々御登城被成、御尤ニ奉存候、尚明日可得御意候、恐惶謹言、

六月廿二日　（中根正盛）（花押）

中根壱岐守

毗沙門堂御門跡（公海）

とある。この書状の年次は未詳であるが、天海死後の寛永二十一年（一六四三）以後で、豪倪が双厳院と記されているので、雲蓋院に入る慶安三年（一六五〇）以前のものであろう。これをみると公海の時代には将軍徳川家光の命によって双厳院と最教院の両人が交代で日光の管理に派遣されていたことがわかる。後に執当が交代で日光に派遣されているが、この時からこの慣例は始まっていたのである。「まとめ」で総括するが、この頃に上野執当職が確立していた

ことは確かである。

次に慶安五年（一六五二）と思われる七月六日付の中院所蔵の上野執当衆奉書には、

中院遠行之由、毘御門主（公海）被為聞、驚被思召候、大師（天海）以来久々懇切之仁候間、為焼香元光院被仰付被遣候、将又為寺幷弟子共候間、聖教・諸道具無紛失様尤候、尚元光院可被申候、恐々謹言、

（慶安五年カ）七月六日　（上野執当衆）最教院　晃海（花押）

雲蓋院　豪俔（花押）

喜多院

中院　弟子中

とある。この奉書は豪俔が雲蓋院とあるので、彼が雲蓋院に入った慶安三年以降で、毘門主とあるので、公海が守澄に門跡を譲る承応三年（一六五四）以前である。この間の中院の住職交替から考えて慶安五年のものであろう。ここでも最教院晃海と雲蓋院豪俔が毘沙門堂公海の取次ぎ役を果している。注目されるのは両者の署名の順位が逆転していることである。前述したが豪俔が慶安三年に雲蓋院の院家となり、最教院晃海と同格になった。経歴とは別に年長者である豪俔が上位者になったのであろうか。これ以降の執当衆連署はすべて雲蓋院豪俔が上位者である。

次に承応元年（一六五二）十一月日付の小野逢善寺所蔵の逢善寺末寺座配定には、

逢善寺末門中座配之事

一、一臈座　上条頭　龍崎　般若院

一、二臈座　下条頭　阿岐　安穏寺

一、其外之一寺方於逢善寺出仕之時者、以臈次第、従三臈座可有着座事、但、新末寺者随古末寺之次、臈次可着座也、

右任古法相定処、如件、

承応元壬辰年十一月日

（上野執当衆）
最教院　晃海（花押）

雲蓋院　豪倪（花押）

小野　逢善寺

とある。このように最教院晃海と雲蓋院豪倪の両者が「任古法」とはあるが、逢善寺の末寺の座配を定めている。

このように若い時から上野執当として活躍した最教院晃海であるが、万治元年（一六五八）五十六歳の時に執当を妙解院尭海に譲り、自己が上野に開山した本覚院の傍に閑居して、金剛寿院と称した。寛文三年（一六六三）十一月二日、六十一歳にて没した。

四　最教院晃海と双厳院豪倪

晃海と共に上野執当を勤めた双厳院豪倪について、「東叡山真如院歴代伝」（叡山文庫双厳院所蔵『東叡山寛永寺子院歴代年譜』所収）を中心に、その略歴を編年体で紹介しておきたい。

双厳院豪倪略年表　〈　〉は私が追加したものである。

〈天正十五年（一五八七）に誕生す。〉姓は藤氏、雲州の人。出雲鰐淵寺豪村に従って出家、比叡山東塔西谷日光院円空について修学す。さらに東谷双厳院を領して天海に従う。

元和七年（一六二一）、紀州中納言徳川頼宣、紀州和歌浦に東照宮を建て、別当天曜寺を創建。

同年十一月、天海彼の地に行きて勧請す。その後円空に神事を管理さす。豪倪の推挙によってなり。

寛永三年（一六二六）、徳川頼宣東叡山に法華堂を建て、真如院と名付けて豪倪を居住させる。

同年、天海、豪倪・晃海を選びて、天台宗を管理させる。〈上野執当職に就任。〉

寛永十七年(一六四〇)二月十日、師円空入滅す。

同十八年(一六四一)、豪倪、師跡を継ぎ天曜寺を領す。

同二十年(一六四三)四月十七日、権大僧都となる。

慶安三年(一六五〇)、守澄親王より雲蓋院の称を賜る。これより天曜寺を常院室となす。

同四年十一月四日、大僧都となる。

承応二年(一六五三)二月二十三日、権僧正となる。

同三年(一六五四)春、真如院・天曜寺を憲海に譲る。

同年三月十一日、六十八歳にて示寂。


これをみると、豪倪は出雲の出身で晃海より十五歳年長であり、途中から天海の弟子となっている。紀伊藩主徳川頼宣の信任厚く、同家の菩提所東叡山の真如院を創建して住職を勤めている。そして最教院晃海とともに双厳院豪倪は、前述のように天海・公海・守澄の許で、上野執当職を勤めている。当初は両執当の中で、署名の位置から見て最教院晃海が上位者であったようであるが、慶安三年(一六五〇)に豪倪が雲蓋院の院家となると、署名の位置が逆転している。

次に両執当が連署している書状や奉書は数多くあるが、双厳院豪倪から最教院晃海に宛てた珍らしい書状があるので紹介しておく。寛永十六年の二月十二日付の世良田長楽寺所蔵の双厳院豪倪書状には、

尚々、急度可被為得　御諚之旨に候条、重而被仰遣候迄ハ、御逗留可被成之由被仰候、万蔵庵ハ定而爰元ニかくれ居可申候、本寺かあらハこそ上方へも上候ハんつれ、事笑敷事候、結句ハ左様ニ我等之仕候程埒明申へく候、一段と能御事候、気の毒の御逗留たるへきと令察候、我等も爰元ニて爰かしこ万事に付苦労

仕候、昨日も江戸へ二度出申候、随分今度埒明候様ニと存事候、替儀無之候、以上、
一昨々十日之飛札、昨十一日参着入御披見候、即昨日讃岐守殿（大老・酒井忠勝）・豊後守殿（老中・阿部忠秋）・右京亮殿（寺社奉行・安藤重長）へ貴札入御披見候、豊後殿御申候ハ、貴札御座被成候翌日ニ万蔵庵参候間、早々帰候へ者迷惑之由申候つるか、其まゝ不参候故、其元へかへり候と思召候処、さてハ不帰候哉、爰元宿所を尋させ居候て、参候様ニ可被仰付之由御申候、讃岐守へハ我等参候而申候、上ニ御用之事昨夜御出候故、大僧正（天海）具ニ被仰候へ者、讃岐守殿御合点まいり候、右京亮殿ハ御留守ニて不懸御目候、とかく被為得　御諚可被仰遣候間、御左右次第其元ニ御逗留可被成之由被仰候、
恐惶謹言、

（寛永十六年）
二月十二日　　　双厳院　豪俔（花押）

（晃海）
最教院　尊報

とある。これは双厳院豪俔が世良田に派遣されている最教院晃海に対して、天海の意をうけてしっかり世良田の仕置きにあたるように伝達している書状である。世良田の長楽寺の事件は天海にとって大変重要な問題であったので、天海の書状を含め短期間に八通も出されている。その中で六通は豪俔から晃海に宛てられた書状である。この時は豪俔が江戸の天海の許にいて、世良田に派遣された晃海に連絡役を勤めている。いろいろと指示しているが、いずれの書状も末尾を「恐惶謹言」としており、年長者の豪俔が晃海に配慮を示している。

最後に「執当譜」（『大日本仏教全書』八十六所収）の最初の晃海と豪俔の条をみると、

最教院晃海　本覚院開基　寛永二乙丑年、大師（天海）統天下台宗之事、擢海及豪俔掌綱紀、同二十年、大師示寂、久遠寿院公海、継大師之席、茲時、大猷公（徳川家光）擢晃海為役者、後改号執当、是執当之始也、承応二年免役、任権僧正、明暦二年、本照院（守澄）宮命転正、万治元年賜金剛寿院之号、寛文三癸卯十一月寂、

双厳院豪倪　真如院開基　寛永二年、擢倪及晃海掌綱紀、慶安三年、本照院宮命、賜雲蓋院之号、承応二年任権僧正、承応三甲午三月十一日寂、

とある。これをみると最教院晃海は南光坊天海在世中の寛永二年(一六二五)から双厳院豪倪と共に天海の命をうけて天台一宗の教団運営にあたっていた。そして寛永二十年(一六四三)天海死後は、後任の若年の毘沙門堂門跡公海を補佐するために、将軍徳川家光から役者に任命されている。天台宗の触頭である執当は寛永二十年に創設されたものである。しかし天台宗の触頭は当初役者と呼ばれていたものが、いつしか執当と改められたようである。晃海と豪倪は承応二年(一六五三)まで勤めていたと記されている。

まとめ

この寛永二十年(一六四三)に晃海と豪倪による執当職が確立したとする「執当譜」の記述を、これまで本論で述べてきた最教院晃海の役割と比較検討して「まとめ」としたい。

最教院晃海は、天海と親交のあった中原(平田)職忠の次男であり、若い時から一貫して天海の常随の弟子であり、早くから天海に重用され、周囲もその結び付きを認めていた。しかし対外的な活躍がはっきりするのは寛永九年(一六三四)三十二歳の時に院家となってからである。一方の双厳院豪倪は晃海より十五歳年上であるが、地方出身者であり、途中から天海の弟子になったものである。豪倪が注目されるのは寛永三年(一六二六)三十九歳の時に徳川頼宣の助成により、東叡山に真如院を創設してからである。そのため晃海と豪倪が寛永二年から執当を勤めたとする「執当譜」の記述は無理があるように思われる。この両者が署名している史料は「二　南光坊天海生前の晃海」で紹介したように寛永十三、四年頃からみられるが、この署名には二人だけでなく護国院生順・寒松院弁海などの名前もある。

さらに寛永二十年九月の長楽寺の灌頂法物等定書には二人の外に竹林坊盛憲の名前がある。反面寛永十六年の二月の長楽寺の一連の史料では二人が特別な立場にあったことがわかる。

「三　天海没後の晃海」で紹介したように、寛永二十一年二月十七日付の真光寺訴状案をみると、天海死後でも訴状の宛所に二人の外に護国院生順の名前がある。これ以降になると、原則としてこの二人だけの署名のものとなっている。

このような関連史料を整理してみると、晃海が早くから天海の侍者として重用されていたことは確かであるが、寛永二年から晃海と豪倪だけが役者として抜擢されたとすることには無理がある。当時は天海の周辺の有力者が必要に応じて対応していたのであろう。その中で天海の直弟晃海と徳川頼宣の帰依をえた豪倪が次第に台頭して来たのであろう。寛永二十年十月天海死後、一部例外もあるが、晃海と豪倪が公海の後見役として執当に就任したと考える方が妥当であろう。

まとめ

第四章　浄土宗の触頭制度

一　浄土宗触頭の成立

1　増上寺役者の成立

まず諸国の触頭寺院の中核的な役割を果した総触頭である増上寺役者の成立について考えてみたい。また触頭を録所ともいい、録所を全て統轄する増上寺を惣録所とも呼ぶ。更に禅宗では触頭のことを僧録といい、触頭寺院を僧録所と呼ぶこともある。そのため増上寺を僧録所と記すこともある。また惣僧録所という場合もある。

増上寺役者の成立については『縁山志』巻十の「幹事」(幹事は役者の別称)の項で編者摂門が私見を述べているが、この記事は増上寺所蔵の「幹事便覧」[1]第一巻の「当山役者両僧入役・退役年月記、幷役者号始之事」の内容を平易にしたものである。そのため本論では「幹事便覧」所収の記事を参考史料として考えてみたい。この「幹事便覧」の記事は快龍・万量から始まって祐麟まで八十三人の所化役者名が記されている。祐麟の役者就任が文政十年(一八二七)七月晦日とあるから、この記録はそれ以降に編纂されたものであろうが、増上寺役者の就退任を調べるのにはもっとも基本となる史料である。同書には役者の始まりについて次の如く記されている。

役者之事、了的上人(寛永二～同七年)御代天光院道楽・浄運院閑栄、幷御弟子大残(伝誉台山)・善哲、了学上人(寛永九～同十一年)御代名見廻、本誓寺ト誓願寺、御弟子了門(白誉了聞)・源興院・浄運院、智童上人(寛永十二～同十六年)御代長屋・長波、後長屋・代り知哲、源興院・浄運院、同御代寛永十二乙亥年土井大炊頭（利勝）殿、御同役御老中江御相談之上ニ而、御仏殿役者従　公儀被仰付、此時より始而役者与号呼之、幷輪番之名義茂此時より被仰付候事、

これによると増上寺の役者は十四世了的・十七世了学の時代から先駆的な職掌はあったようであるが、正式に幕府から役者を公認されたのは寛永十二年（一六三五）であるとされている。そして最初に設置されたのは御仏殿役者であると記されている。

「幹事便覧」は全八冊本であり、幹事とは役者の別称である。増上寺役者が在任期間中に判例の基準としたものが、この「幹事便覧」であり、かなり信憑性の高い記録である。しかしこの「幹事便覧」の記載内容をそのまま信頼することは危険があるので、江戸幕府の公式な記録である『御日記』の記載内容と対比して検討を加えてみたい。『御日記』は江戸幕府の表役所で毎日の重要事項を書き留めて後世の判例としたものである。これが、『徳川実紀』編纂の基本史料となったものである。『御日記』は現在国立公文書館内閣文庫や上野の東京国立博物館に所蔵されている。しかし全てが現存しているわけではなく、江戸初期は欠けている部分が多い。

次頁の表4は現存の『御日記』に記されている将軍に独礼した増上寺の所化を一覧表にして整理したものである。必ずしも役者とは断定できない所化も多い。しかし後述の理由により一応「『御日記』所収増上寺役者一覧表」と名付けておくことにする。

この表は各年ごとに正月六日と七月十五日にその記載が集中している。正月六日は諸宗の僧侶が将軍に年頭の御礼に江戸城に登城したときの記載である。七月十五日は増上寺の霊廟に将軍が御成りになった時の記載である。この表をみると語句として役者の記載が見える初見は正保元年（一六四四）七月十五日である。しかしこの可天と秀徹はその前年にも同様の役職にあり、寛永二十年七月にはすでに役者に就任していたものと思われる。更にこの表をみると七

表４ 『御日記』所収増上寺役者一覧表

寛永８・７・15	長如　万霊
寛永10・１・６	満嶺　台山　張序　了随　一残　了門
寛永11・１・６	満嶺　大残　張序
寛永12・１・６	呑察　呑了　以伝　天岌　宗吟
寛永13・７・15	潮也　潮把
寛永14・７・15	長也
寛永15・７・15	潮也　知哲
寛永16・３・15	芦江　盆龍
寛永18・１・７ 寛永18・７・15	芦伯　覚円　潮也　智哲　以伝　芦江　梵龍　蓮意　順長 呂幸　梵龍
寛永20・１・６ 寛永20・７・15	知哲　潮也　祖慶　可天　利山　露伯　秀哲 可天　秀徹
正保１・１・６ 正保１・７・15	智哲　潮也　祖慶　可天　利山　露伯　秀哲 （役者）　可天　秀徹
正保２・１・６	利残　潮也　智哲　可天　秀哲
正保３・１・６	利残　潮也　智哲　可天　秀哲
正保４・１・６ 正保４・７・15	利残　潮也　可天　秀哲 可天　秀哲
慶安１・１・６	利山　潮也　可天　秀哲
慶安２・１・６ 慶安２・７・15	可天 可天　秀徹
慶安４・１・６ 慶安４・７・15	可天　秀徹　南芸 可天　秀徹
（承応1～3まで不明） 明暦１・１・６	 （役者）万量　源以
明暦２・１・６	（増上寺役者）万量　源意
明暦３・７・15	（方丈役者）万量　快龍
万治１・１・６ 万治１・７・15	┌万量　源意 └（御仏殿役者）月光院 万量　快龍
万治２・７・15 万治２・11・12	（方丈役者）万量　源意 万量　玄意
万治３・１・６ 万治３・７・15	┌（増上寺役者）源意　朝算 └（御仏殿役者）月光院　常行院 万量　源意
寛文１・１・６ 寛文１・７・15	┌（役者）源意　潮山 └（御仏殿役者）月光院　常行院 （方丈役者）源意　潮山
寛文３・１・６ 寛文３・７・15	┌（増上寺役者）古岩　潮山 └（御仏殿役者）名前なし 古岩　潮山
寛文４・１・６	┌（増上寺役者）古岩　長諾 └（御仏殿役者）月光院　常行院
寛文６・１・６ 寛文６・７・15	┌（増上寺役者）長諾　薫問 └（御仏殿役者）常行院　寿光院 長諾　薫問
	（中略）
貞享５・３・６	┌（所化役者）淳甫　円量 └（寺家役者）源興院　月光院
元禄６・１・６	┌（役者）龍繁　吟達 └（寺家役者）月光院　天光院
元禄９・１・６	┌（増上寺役者）秀円　吟達 └（御仏殿役者）月光院　天陽院
	（以下省略）

月十五日には一貫して後世の方丈役者（所化役者）に相当する二名が記されている。年頭の正月六日の登場人物とは区別があるように思われる。すでにかなり早い時期からこの二名による役職が確立していたように推測される。もしこの推測が許されるならば「幹事便覧」に記されているようにかなり早い時期から増上寺役者が設置されていたと考えることも可能であろう。「幹事便覧」は寛永十二年（一六三五）老中土井利勝の時に役者（御仏殿役者）が設置されたといっている。寛永十二年という年は幕府の寺社行政上極めて注目される年である。この年の十一月九日に初めて江戸幕府の寺社奉行が設置され、奉行に安藤重長・松平勝隆・堀利重が任命されている。そのため寺社奉行の下部組織として浄土宗内の触頭として増上寺内に役者が設置された可能性は充分にある。

そこで浄土宗内や増上寺側の寛永十二年ごろの動向について検討を加えてみたい。

増上寺所蔵の「年中行事之覚」[2]一所収の覚書によると、

一、諸檀林住職之儀者、寛永年中増上寺十八代随波和尚代に、
　一、瓜連常福寺一﨟観竜
　一、瀧山大善寺一﨟旧伝
　一、河越蓮馨寺一﨟呑空
　一、館林善導寺一﨟貴屋
先住附属之通、被　仰付被下候様ニ与、随波和尚御訴訟被申上候得共、大猷院（徳川家光）様曽而御承引不被遊、自今以後増上寺所化を檀林江可被仰付旨、依為　上意、右四ケ寺江満霊・大残・朝序・門悦、四人被　仰付候間、至于今代々増上寺之所化書上申候、以上、

とある。これは寛永年中とあるが、増上寺十八世随波の在任期間から考えて、寛永十一年三月以降、同十二年九月ま

でのものである。この覚書をみると、これまで檀林の後住は先住の附属通り、各檀林の一﨟が任命されていたようである。ところが徳川家光はこの時から従来の慣習を破り、新たに檀林後住に増上寺の上座の所化を任命した。これは他の檀林に対する増上寺の優越性を確立する上で大きな役割を果したが、相対的に各檀林にとっては大きな打撃となった。瓜連常福寺所蔵の寛永十一年十月十五日付の定誉随波書状に、

抑伝誉台山依為積功累徳之士、此節以 御定（諚）、瓜連常福寺被入院之上者、衆檀倶不可有違儀、就中一山之大衆不論老若、住持之指引毛頭茂不可違背者也、仍如件、

于時寛永十一年十月十五日

増上寺十八世

定誉随波叟（花押）

とあり、前述の覚書の記載を裏付けている。これをみると常福寺は実際に先住附属の一﨟観龍とは異なり、新たに増上寺の所化の中から大残（台山）が任命されている。そこで増上寺随波は常福寺の一山大衆に新住職の命令を遵守するように申し入れている。このような書状は珍しく、常福寺側の不穏な空気を察知していたからであろう。更に増上寺随波は台山入寺直後の寛永十二年正月二十四日に常福寺を常陸一国の本寺に任命して、増上寺の支配下に組み入れ、常陸一国の浄土宗寺院の管理にあたらせている。この間の経緯については「諸国触頭寺院の成立」の項で詳細に述べる予定である。常福寺のことはさておき、前述の満霊は蓮馨寺六世、朝序は大善寺七世、門悦は善導寺七世とそれぞれ檀林の住持に任命された。前住附属の観龍・旧伝・呑空・貴屋は後に檀林住持に転昇するが、一時期昇格が停止した事件である。

この事件を前述の表4『御日記』所収増上寺役者一覧表」と比較すると、満霊（万霊・満嶺）・大残（台山）・朝序（長如・張序）の三人は寛永十一年まで増上寺の役者、または所化上座として徳川家光に対面していたことがわかる。しか

も寛永十二年以降はその名が見えない。この後増上寺の役者を勤めた所化はいずれも檀林住持に転昇していくが、この慣例はこの時から始まったといってよいであろう。

一方、最初に引用した「幹事便覧」所収の記載と『御日記』の記載を検討すると、十七世照誉了学の寛永十一年までのことは、『御日記』側の用例が少ないので、明確さを欠くが、十九世智童時代の記載については源興院・浄運院の御仏殿役者のこと以外、内容は寛永十三年・十四年・十五年の条と一致する。そして寛永十六年三月には二十世南誉雪念が増上寺に入院する。この間長屋(潮也)、長波(潮把)、更に長屋と長波に代り知哲という記載は両者共完全に一致している。更に「幹事便覧」に列記されている明暦年間の万量・源意以下の歴代役者名は『御日記』や各寺の古文書でほとんど例証をとることができる。典拠は明確でないが「幹事便覧」はかなり信憑性の高い史料に基づいて作成されたものと思われる。そのため私は増上寺の役者は確証はないが、「幹事便覧」の記載の如く、江戸初期のかなり早い時期から存在していたのではないかと推測している。そして少なくとも寛永十三年ごろまでには増上寺の役者制度は成立していたものと思われる。

御仏殿役者については後から私見を述べることにして、いわゆる増上寺役者については江戸幕府が寺社奉行を設置する寛永十二年十一月ごろには、増上寺の所化による役者は浄土宗内で一定の機能を確立していたものと考えられる。しかしこれは増上寺の住持を補佐して一宗の事務を執行する役者についてであり、「幹事便覧」の記載の如く御仏殿役者が設置されたのではない。

『御日記』所収の増上寺役者一覧表」に表れる役者は、初期には一貫して増上寺役者、又は方丈役者と呼ばれ、増上寺で修学していた所化の上座五十僧の中から二名が選出されている。この二名は臈次に関係なく、世務・法務に練達した僧がこの任にあたっている。

一方、御仏殿役者の初見は万治元年（一六五八）であり、増上寺山内の坊中の上座二院がその任にあたっている。管見では『御日記』以外の史料をみても、方丈役者と並んで御仏殿役者が連署している史料は、増上寺所蔵の「諸条目」(3)所収の明暦三年（一六五七）十月五日付の銀子請取状が初見であり、『御日記』の記載より三カ月早いだけである。
銀子請取状は次の如くである。

請取申銀子之事
合銀百五拾貫目者、丁銀、常是包也
右者当正月十九日、増上寺寺化（家）十六軒并所化寮九拾四軒類焼仕候ニ付、為作事料被下之、慥受取申候、即寺化（家）・所化寮江配分仕、相渡可申候、為後日仍如件、
明暦三酉年十月五日
万良　印
源意　印
月光院　印
常照院　印
（金奉行）（忠久）梶川七之丞殿
（盛重）須田伝左衛門殿
（重三）筒井七郎左衛門殿

これは明暦の大火後増上寺の所化寮と寺家に下された幕府からの作事料の請取状である。肩書はないが差出人四名は方丈役者と御仏殿役者であろう。これが御仏殿役者の初見であり、これ以前の御仏殿役者の用例は現在確認されていない。また『御日記』の記載内容を検討すると、七月十五日の記載は万治年間以後も一貫して方丈役者両名だけで

あり、御仏殿役者が記される可能性はないが、正月六日の記載をみると、万治年間以降は方丈・御仏殿両役者が記されており、万治年間以前にも記載される可能性がある。しかし万治年間以前は全て所化名ばかりであり、坊中名は記されていない。江戸中期になると方丈役者は所化役者、御仏殿役者は寺家役者と呼ばれ、両者は同格で事務を執行するようになる。しかし御仏殿役者は方丈役者よりかなり遅れて成立したものであり、しかも初期には両者の地位に相違があったようである。

享保十五年（一七三〇）六月に制定された増上寺の御霊屋諸式新御改御定書之写をみると、所化役者と寺家役者について次の如く定めている。

所化役者

所化役者之儀、為方丈之下司役義（儀）相勤候上ハ、支配下諸寺院之儀者勿論、御霊屋向幷寺家輪番取計候趣共ニ、万事入念可致吟味候、且又方丈支配之　御霊屋向役人取計候儀、猶更遂吟味、猥成儀無之様可致指図候、只今迄　御霊屋御用向幷輪番所取捌之儀、寺家役者両院ニ相任セ、所化役者差綺不申趣候得共、不吟味有之候を其分ニ仕置候ハヽ、所化役者共可為越度候、向後不吟味之儀者無遠慮加吟味、不埒無之様ニ可仕候、

寺家役者

寺家役者之儀、輪番寺僧上座ゟ相勤候得共、輪番所之儀ハ勿論、領分村方支配仕、寺家山内之老僧申合、致差引、御霊屋料収納請払厳密ニ吟味仕、所化役者江遂相談、万端麁末之作略無之様ニ可相勤候、只今迄致来ル諸寺院添簡等之儀ハ、所化役者ニ差添、前々之通可仕候、且又　御霊屋役者与称シ申間敷候、

これをみると所化役者は増上寺方丈の下司役であったことがわかる。これは増上寺方丈を上司として、上司に仕える下司役である。実際には増上寺の住持を補佐して、一宗寺院は勿論、増上寺一山内の御霊屋や坊中の監督支配にあ

たってきた。ところが享保十五年六月以降、御霊屋料の管理まで寺家役者と共に責任を負わされたようである。一方、寺家役者は本来坊中の長老が御霊屋領を経営・管理するために設置された役職であり、所化役者のように広範な役目は負わされていなかった。しかも享保十五年以降は御霊屋役者(御仏殿役者)と呼ばないことを決めている。これらをみると御仏殿役者は成立当初から方丈役者より一格下のように見られていたようである。これは所化役者経験者がその後檀林住持に転昇して宗内の有力者として大活躍するのに比して、寺家役者は宗内の出世コースからはずれて増上寺山内の坊中の住持となったものが、臈次によって順番に寺家役者を勤めるのであり、両者の宗内の評価にも差異があったようである。

ところが江戸中期以降、所化役者に世俗的な権限が集中することを避けるために、所化役者経験者は檀林寺院に転昇することが禁止され、必ず引込檀林に入寺することを義務付けられている。引込檀林とは他の寺院に転昇することなく、終生その檀林住持として勤める格の寺院である。このように江戸中期以降になると所化役者と寺家役者が権力集中化の弊害を除去するためにバランスをとって事務を執行するようになる。前述の享保十五年の両役者の規定は一見所化役者の権力強化のように見られ勝ちであるが、実際には複雑な背景のもとに制定された規則である。

いささか主題から脇道にそれたが、本節で問題にするのは、浄土宗の触頭としての増上寺の役者の成立である。前述の説明で明白なように江戸初期において一宗の触頭の任にあたっていたのは当然方丈役者(所化役者)である。そのため私は浄土宗の触頭機構は前述の如く江戸幕府が寺社奉行を設置した寛永十二年ごろまでに、その下部機構として増上寺の方丈役者が存在したものと考えている。

一方、増上寺の方丈役者成立の上限について考えてみたい。

江戸幕府は寛永九年から同十年にかけて諸宗に対して本末帳の作成を命じている。この時に諸宗から幕府に提出された本末帳の原本が内閣文庫に現存している。これらの本末帳は『大日本近世史料』「諸宗末寺帳」上・下二冊で刊行されている。この本末帳をみると古義真言宗・新義真言宗や曹洞宗は「諸宗江戸触頭一覧表」所収の触頭寺院が本末帳を作成して幕府に提出している（本書第一章「諸宗江戸触頭成立年次考」参照）。これに対して浄土宗は寛永九年十一月に当時の増上寺住持照誉了学が単独で提出している。浄土宗と同様な性格を持つ天台宗は寛永の本末帳が提出されていないので、増上寺と増上寺役者、寛永寺と寛永寺執当との区分が不明確なところもあるが、私は寛永九年ごろ増上寺には役者機構が確立していなかったのではないかと考えている。そのために増上寺住持名で提出されたのであろう。

以上の理由により、私は増上寺の役者機構は本末改め実施以降、寺社奉行設置以前、換言すれば寛永九年十一月以降、同十二年ごろまでに成立したのではないかと推測している。そしてこれは宗内側の要請というよりは、幕府の本末改めや寺社奉行の設置に呼応して成立したものであろう。

2　諸国触頭寺院の成立

前述の増上寺役者が江戸幕府の寺社奉行から命令を直接伝達され、更にそれを諸国の触頭に伝達する。諸国の触頭は増上寺から直接伝達される地域と、本山知恩院役者から伝達をうける地域とに区別される。知恩院役者は増上寺役者から伝達される。地域区分については表5「諸国触頭寺院一覧表」（九六〜一〇七頁）で詳細に述べる予定である。

これらの諸国の触頭寺院の成立について考えてみたい。まず増上寺役者の場合寛永九年から同十二年ごろの成立であることを指摘したが、諸国の触頭寺院の設置もこの間の本末改めが重要な役割を占めている。

知恩院所蔵の伊勢亀山の「終南山光明院善導寺記録之写」所収の知恩院と善導寺の往復書簡をみると、

猶以、夏中　将軍様御入洛被遊候条、於京都右之着帳上可申候間、油断被成間敷候、已上、一筆申入候、仍白旗流儀諸寺家之事、於江戸被仰渡候儀御座候間、其地亀山之御領内幷関地蔵・近郷境迄、在々所々諸寺庵、御直末幷末々等迄、不寄大小至後日申分無之様ニ、能々被遂穿鑿、少も無落寺・落郷被為着帳、為物代一両輩持参候様ニ可被相触之候、則着帳案書一冊進之候、今度神戸観音寺上洛、幸と存如此ニ候、恐惶謹言、

五月廿三日　　知恩院役者　常称院　九達

亀山　善導寺

物御門中

とあり、善導寺は知恩院から亀山辺の浄土宗寺院の調査を命じられていることがわかる。具体的な内容については次の知恩院の触状と善導寺の回章に記されている。

一、百万遍・浄花院・新黒谷、此三末寺茂、其一郡一村にて、私之覚に内証ニ而着帳尤之事、

一、今迄無本寺之諸寺家於有之者、知恩院末寺ニ可帰依かと相尋、致同心者、其辺に着帳可被成候、不致承引者ハ、無本寺と着帳候て、可有御上候者也、

一、元来知恩院末寺筋之内、或者御直末寺、或者又末寺・諸寺庵、当住之縁怙(故)を以て、他流末寺と申輩可有之候間、左様之処能穿鑿ニ而、知恩院御末寺筋不致相違候様に、御分別御尤に候、已上、

寛永十一年甲戌六月廿六日　　亀山善導寺　深誉　印

物御門中

これをみると、善導寺は寛永十一年に知恩院の命をうけて、本末改めを実施したことがわかる。しかも善導寺は知恩院の末寺だけでなく、同地域の他の本山の末寺や無本寺まで調査しているのであるから、単に知恩院末の本寺というだけでなく、浄土宗の同地域の触頭としての機能も負わされている。実際に同記録の中には、同年六月二十九日付

の末寺の書上や、七月七日付の知恩院山役者良正院宗把の請取状が収められており、江戸初期の本末制度と触頭の関係を考える上で貴重な史料である。

『知恩院史料集』二所収の元禄十三年（一七〇〇）六月十三日付の知恩院役者衆連署書状案には、

未得御意候得共、一簡令啓達候、仍而和州当麻念仏院末寺尼寺来迎院、其末寺同所紫雲庵・横内村千手院・磯壁村法泉寺、右三ケ寺本末之出入ニ付、四年已前於当山双方裁許之上、寛永十一年諸国末寺改之帳面、三ケ寺共ニ来迎院末寺と判形之趣以、先規之通来迎院末寺ニ被申付候、（後略）

六月十三日　――

本多能登守（忠常）様御内　――

寺社御役人中　――

とあり、元禄十三年に大和当麻で本末争いが起り、その際寛永十一年の本末帳が裁許の基準となっている。関東地方より一年程本末改めの実施が遅れている。更に同様の例が『知恩院史料集』三所収の宝永三年（一七〇六）八月二日付の日鑑の摂津の阿弥陀寺の記事にも見られる。ここで注目されることは大和・摂津は共に関西で知恩院の管轄地域である。浄土宗の場合、現在増上寺管轄地域の関東地方以外には寛永の本末帳は現存していない。しかしこれらの史料をみると知恩院管轄地域でも寛永の本末帳が作成されていたことがわかる。しかもそれが江戸時代の本末関係の規範になっていたことがわかる。

更に知恩院所蔵の享保十一年九月十三日付の摂津河辺郡池田（池田市）法園寺等四カ寺連署の口上書には、

奉願口上書

一、池田法園寺・西光寺者、三郡触頭之儀雄誉（霊巌）上人御代御書付明白ニ候間、重キ御制条之分者池田両寺ゟ相触、多田安養寺・甘露寺茂右之御触頂戴仕、尤重キ御制条之御事候間、相触廻候節者、悉寺号之下ニ誉号・印判仕次第ニ可相廻条相違無御座候、（後略）

享保十一年午九月十三日

池田　法園寺　鳳誉（印）
同　西光寺　梅誉（印）
多田　安養寺　勇誉（印）
同　甘露寺　聞誉（印）
媒人　称名寺　恢誉（印）

御本山
御役者中

とあり、池田法園寺と西光寺は知恩院の雄誉霊巌から河辺等三郡の触頭に任命されている。霊巌の知恩院在位期間は寛永六年から同十八年までであり、これも寛永十一年の時のものと思われる。

『知恩院史料集』一所収の元禄二年（一六八九）閏正月二十一日付の豊後府内（大分市）の浄土寺宛の知恩院役者書状案の追而書をみると、

尚々、本山霊巌和尚御代、役者宗把始、其外役人中連判ニ而、貴寺於其地末寺頭諸事可被致吟味候之旨、右之御状此度御越致披見候、前々通、役人連判書状願之旨、使僧口上ニ而被申越、令得其意候、然共只今役人之内も在江戸候へハ、重而令判形認可遣候間、左様御心得尤候、

とあり、豊後府内の浄土寺は知恩院の雄誉霊巌から同地方の末寺頭に任命されている。これは知恩院末寺の頭という

意味であり、実質的には同地方の本寺ということである。これも霊巌時代の本末改めに係るものであり、寛永十一年の出来事と考えてよかろう。

このような各地の事例をみると知恩院管轄地域の諸国の触頭寺院はほぼ寛永十一年の本末改めの際にその原型が成立したものと思われる。そして初期の触頭寺院の任命権は本山がもっていたようである。江戸中期以降になると藩主が触頭寺院を任命することが多くなる。(4)

一方、増上寺の管轄地域である関東では諸国の触頭寺院はいつ成立したのであろうか。常陸の瓜連常福寺所蔵の寛永十二年正月二十四日付の増上寺定誉随波の掟には、

掟

一、常福寺於浄土一宗、常陸一国之可為本寺之事、

一、権現様(徳川家康)三十五ケ条ニ無本寺之儀、堅制禁之間、如此申渡候、若違背之輩於有之者、急度可被申付者也、

寛永十二年乙亥正月廿四日　　増上寺

定誉(花押)

台山和尚

常陸国瓜連常福寺

とあり、増上寺定誉随波は常福寺を常陸一国の本寺に任命している。常福寺は本来檀林であり、早くから多くの末寺を有した由緒寺院である。常陸には他に檀林江戸崎大念寺があり、しかも名越檀林円通寺の末寺もあり、支配形態が複雑である。このような状況の中で常福寺を一国の本寺に指名して領国内の支配形態を整理したのである。このような関東地方の触頭寺院の成立を裏付ける史料は少ないが、全国的にはほぼ寛永九年から同十二年ごろまでに設置され

たと考えてよいであろう。しかも諸国の触頭は増上寺の役者の成立と同じように、宗内的な要因というよりは幕府の政策に呼応して成立したものであろう。しかし後述する「触頭寺院の変遷」に明らかなように、寛永年間の諸国の触頭は原型だけである。江戸中期以降には諸般の事情で触頭寺院の数が増加している。

二　浄土宗諸国触頭寺院

1　触頭寺院一覧

表5は増上寺に所蔵されている文政十一年（一八二八）に編纂された「諸檀林幷拾七箇国触頭寺院連名帳[5]」一冊と、編纂年次は明確でないが、内容から見て江戸後期のものと思われる知恩院分の触頭台帳「末山触頭牒[6]」一冊を基本として作成したものである。この表は知恩院と増上寺の触頭だけであり、知恩寺・金戒光明寺・浄花院の各本山分は記されていない。しかし元禄九年に各本山から提出された「浄土宗寺院由緒書」の奥書をみると、各本山の役者が直接諸国の門末寺院を管轄しており、各本山の直触であり、諸国に触頭寺院は存在しなかったようである。

更にこれらの各本山と知恩院・増上寺の関係は次の如くである。『知恩院史料集』一所収の元禄六年二月十四日付の覚をみると、

覚

一、勅願所浄土宗惣本寺知恩院

一、金戒光明寺　知恩寺　浄花院

右三ケ寺者小本寺、綸旨者従知恩院執奏仕候、綸旨ニ而此三箇寺之末寺迄、出世之僧住職仕候、其外従知恩

表5　諸国触頭寺院一覧表（知恩寺・金戒光明寺・浄花院・一心院末寺分は省略）

（A）　知恩院管轄分

国名	寺　名	住　所	本寺名	末寺数	元禄	明治	備　考
山 城	上京門中	京　都			○	○	門中の長老
369カ寺	下京門中	京　都			○	○	門中の長老
	袋中庵	京　都	知恩院	0			尼寺
	南組門中	伏　見			○	○	門中の長老
	北組門中	伏　見			○	○	門中の長老
	平等院	宇　治	知恩院	17	○	○	由緒寺院
	常念寺	淀	知恩院	5	○	○	
	花台寺	御　牧	知恩院	10	○	○	
	念仏寺	八　幡	知恩院	18	○	○	
	極楽寺	河　原	知恩院			○	元禄由緒書になし
	願行寺	木　幡	知恩院	8	○	○	慈心由緒寺院
	唯心寺	醍　醐	知恩院	0	○	○	
	西方寺	醍　醐	知恩院	0		○	
	阿弥陀寺	山　科	知恩院	0	○	○	
	極楽寺	西　山	知恩院	2	○	○	
	福応寺	上花山	極楽寺	0		○	
	西方寺	内　里	知恩院	0	○	○	
	福王寺	内　里	知恩院	0	○	○	
	蓮台寺	内　里	知恩院	0	○	○	
	阿弥陀寺	大　原	知恩院	0	○	○	
	西願寺	湯　船	知恩院	0	○	○	
	応源寺	湯　船	知恩院	0	○	○	
	法泉寺	湯　船	知恩院	0	○	○	
	無量寺	湯　船	知恩院	0	○	○	
	長福寺	湯　船	知恩院	0	○	○	
	法伝寺	鳥　羽	知恩院	14	○	○	
	光林寺	神　足	知恩院			○	元禄由緒書になし
	永徳院	島	知恩院	0		○	
	長福寺	湯屋谷	知恩院	1	○	○	
	大念寺	山　崎	知恩院	1	○	○	
	阿弥陀院	広　瀬	知恩院	3	○	○	
	安養院	山　崎	知恩院	0	○	○	
	善導寺	山　崎	知恩院	0	○	○	
	天長寺	広　瀬	知恩院	1	○	○	
	西福寺	東大寺	知恩院	0	○	○	

国名	寺　名	住　所	本寺名	末寺数	元禄	明治	備　考
	西光庵	池上	地蔵院	0			
	西向庵	幸阿弥谷	知恩院	0	○		
	西岸寺	朱雀					元禄由緒書になし
	地蔵院	桂	知恩院				元禄由緒書になし
	光福寺	東河原	本寺	13	○		六斎念仏本寺
大和 281カ寺	龍巌寺	郡山	知恩院	3		○	
	光伝寺	南都	知恩院	1			
	奥院	当麻	知恩院		○	○	この三カ寺本末係
	念仏院	当麻	知恩院		○	○	争中につき元禄由
	護念院	当麻	知恩院		○	○	緒書に記載なし
	極楽寺	三輪	知恩院	0		○	
	慶恩寺	宇多	知恩院	7		○	
	崇蓮寺	初瀬	知恩院			○	元禄由緒書になし
河内 20カ寺	台鏡寺	枚方	知恩院	2	○	○	
	西方寺	冨田林	知恩院	0	○	○	
和泉 164カ寺	遍照寺	堺	知恩院	2	○	○	
	超善寺	堺	知恩院	1	○	○	
	上善寺	佐野	知恩院	19	○	○	
	西福寺	春木	知恩院	30	○	○	
	大光寺	中庄	知恩院	22	○	○	
	光明寺	岸和田	知恩院	3	○	○	
	鳥取門中	鳥取			○		
	万願寺	貝掛	知恩院	2	○	○	
	宗福寺	箱作	知恩院	3	○	○	
	万福寺	舞村	知恩院	0	○	○	
	旭蓮社	堺	無本寺				元禄由緒書になし
摂津 236カ寺	四役者	八丁目			○	○	大坂四役者として
	四役者	生玉			○	○	各門中の長老が四
	四役者	下寺町			○	○	人で触頭役を勤め
	四役者	天満			○	○	る
	西光寺	池田	知恩院	6	○	○	
	法園寺	池田	知恩院	8	○	○	
	深正院	尼崎	知恩院			○	元禄由緒書になし
	如来院	尼崎	知恩院	0	○		
	甘露寺	尼崎	知恩院	2	○	○	
	専念寺	尼崎	知恩院	1	○	○	
	兵庫門中	兵庫			○		
	東福寺	奥平野	知恩院	0			
	長福寺	夢野	知恩院	0			

国名	寺　　名	住　所	本寺名	末寺数	元禄	明治	備　　考
	├霊山寺	石井	知恩院	0			
	├福徳寺	花熊	知恩院	0			
	└願成寺	鳥原	知恩院	0			
	理安寺	高槻	知恩院	0	○	○	松平家菩提寺
	┌念仏寺	有馬	知恩院	1	○	○	
	└極楽寺	有馬	知恩院	3	○	○	
	粟生門中	粟生					
	┌甘露寺	多田	知恩院	3		○	
	└安養寺	多田	甘露院	6		○	
	梅林寺	茨木	知恩院	2	○	○	中川清秀菩提寺
伊賀	┌念仏寺	上野	知恩院	15	○		
63カ寺	└大善寺	上野	知恩院	4	○	○	藤堂家菩提寺
伊勢	天然寺	津	知恩院	14	○	○	藤堂家由緒寺院
298カ寺	樹敬寺	松坂	知恩院	38	○	○	
	清雲院	山田	知恩院	0	○		徳川家菩提寺
	┌欣浄寺	山田	知恩院	6			
	├霊巌寺	山田	知恩院	5			霊巌由緒寺院
	└玄忠寺	山田	知恩院	0			
	寂照寺	中地蔵	知恩院	0		○	千姫菩提寺
	慶運寺	国府	知恩院	0			
	悟真寺	白子	知恩院	11	○	○	
	観音寺	神戸	知恩院	0		○	
	観音寺	六呂見	知恩院	1	○	○	良忠由諸寺院
	善導寺	亀山	知恩院	5	○	○	
	照源寺	桑名	知恩院	6	○	○	松平家菩提寺
志摩 8カ寺	西念寺	鳥羽	知恩院	3	○	○	由緒寺院
尾張 136カ寺	相応寺	名古屋	知恩院	8		○	尾張徳川家菩提寺
三河	┌大樹寺	岡崎	知恩院	1	○	○	松平家菩提寺
37カ寺	├信光明寺	岡崎	知恩院	0	○	○	松平家菩提寺
	└松応寺	岡崎	知恩院	0	○	○	松平家菩提寺
	高月院	松平	知恩院	0		○	松平家菩提寺
	大恩寺	御津	知恩院	23	○	○	牧野家菩提寺
	悟真寺	吉田	知恩院	0	○	○	
遠江不明	惣門中						

国名	寺　名	住　所	本寺名	末寺数	元禄	明治	備　考
駿河 103カ寺	宝台院	府中	知恩院	5		○	徳川家菩提寺
伊豆 63カ寺	┌林光寺	三島	知恩院	1			三島年番
	├誓願寺	三島	知恩院	0			三島年番
	├願成寺	三島	知恩院	0			三島年番
	├蓮馨寺	三島	知恩院	2			三島年番
	└長円寺	三島	知恩院	2			三島年番
武蔵	森厳寺	川越	知恩院				元禄由緒書になし
近江 394カ寺	浄厳院	安土	知恩院	284	○	○	由緒寺院
	西光寺	八幡	知恩院	4	○	○	由緒寺院
	大徳寺	水口	知恩院	11		○	中村家菩提寺
	縁心寺	膳所	知恩院	4		○	本多家菩提寺
	新知恩院	伊香立	知恩院	11		○	由緒寺院
	信楽門中	信楽					
	大津門中	大津					
	┌大聖寺	日野	知恩院	0		○	
	├法雲寺	仁正寺	知恩院	0			
	└円通寺	岡本	知恩院	0			
	円常寺	彦根	知恩院	1	○	○	井伊家菩提寺
	矢橋門中	矢橋					
	草津門中	草津					
	常善寺	草津	知恩院	0	○		由緒寺院
美濃 29カ寺	円通寺	大垣	知恩院	0	○	○	戸田家菩提寺
	本誓寺	岐阜	知恩院	1	○	○	
	円心寺	高須	知恩院	0		○	小笠原家菩提寺
	行基寺	上野	知恩院			○	元禄由緒書になし
飛騨 2カ寺	大雄寺	高山	知恩院	1	○	○	
信濃 190カ寺	┌大英寺	松代	知恩院	2	○	○	真田家菩提寺
	└願行寺	松代	知恩院	1		○	真田家菩提寺
	光岳寺	小諸	知恩院		○	○	元禄由緒書になし
	┌来迎寺	飯田	知恩院	0	○	○	脇坂家菩提寺
	├峯高寺	飯田	知恩院	0		○	小笠原家菩提寺
	├柏心寺	飯田	知恩院	1		○	
	└西教寺	飯田	知恩院	1		○	
	忠恩寺	飯山	知恩院	0	○	○	松平家菩提寺
	┌浄林寺	松本	知恩院	4			小笠原家菩提寺
	└生安寺	松本	知恩院	3			良忠由緒寺院

国名	寺　　名	住　所	本寺名	末寺数	元禄	明治	備　　考
	貞松院	諏訪	知恩院	1		○	松平忠輝由緒寺院
	満光寺	高遠	知恩院			○	元禄由緒書になし
	浄久寺	駒場	知恩院	3			宮崎家菩提寺
	芳泉寺	上田	知恩院	5	○	○	仙石家菩提寺
紀伊 205カ寺	大智寺	吹上	知恩院	5	○	○	紀伊徳川家菩提寺
淡路 3カ寺	┌専称寺	須本	知恩院	0		○	脇坂家菩提寺
	├報身寺	福良浦	知恩院	0	○	○	
	└西光寺	沼島浦	知恩院	0	○	○	
阿波 14カ寺	┌浄智寺	徳島	知恩院	0	○	○	
	└還国寺	徳島	知恩院	0	○	○	
讃岐 21カ寺	浄願寺	高松	知恩院	6	○	○	松平家菩提寺
伊予 56カ寺	┌大林寺	松山	知恩院	2	○	○	松平家菩提寺
	└弘願寺	松山	知恩院	7	○	○	
	松源院	今治	知恩院	0		○	松平家菩提寺
	来迎寺	今治	知恩院	9			福嶋家菩提寺
	┌善導寺	西条	知恩院			○	元禄由緒書になし
	└本善寺	小松	知恩院			○	元禄由緒書になし
	┌寿栄寺	大洲	知恩院	3	○	○	
	├大蓮寺	大洲	知恩院	0	○		
	└勝永寺	大洲	知恩院	0	○		
	大超寺	宇和島	知恩院			○	元禄由緒書になし
土佐 52カ寺	称名寺	高知	知恩院	11	○	○	山内家由緒寺院
若狭 8カ寺	心光寺	小浜	知恩院	3	○	○	
越前 24カ寺	運正寺	福井	知恩院	6	○	○	結城家菩提寺
加賀 11カ寺	如来寺	金沢	知恩院	0	○	○	
能登 12カ寺	西光寺	七尾	知恩院	0	○	○	
	宝幢寺	七尾	知恩院	1	○	○	
越中 20カ寺	極楽寺	高岡	知恩院	0		○	浄華院末にもあり
	来迎寺	富山	無本寺	0		○	明治には知恩院末

国名	寺名	住所	本寺名	末寺数	元禄	明治	備考
越後 77カ寺	長恩寺	高田	知恩院	0	○	○	松平家菩提寺
	村上門中	村上					
	三光寺	新発田	知恩院	1		○	溝口家菩提寺
	大善寺	新発田	知恩院	0		○	
	円山寺	新発田	知恩院	0			
	安楽寺	村松	知恩院	0		○	
	徳正寺	出雲崎	知恩院	0		○	
	栄涼寺	長岡	知恩院	0		○	牧野家菩提寺
	法蔵寺	長岡	知恩院	0			
	善導寺	新潟	知恩院	0		○	
	往生院	新潟	知恩院	0			
	一山寺	三根山	知恩院				元禄由緒書になし
	泰叟寺	高田	知恩院			○	
	西方院	燕町	知恩院	0			
	極楽寺	三条	知恩院	0		○	
	浄泉寺	下条	知恩院	2			
佐渡 36カ寺	法界寺	相川	知恩院	7			
播磨 41カ寺	誓光寺	姫路	知恩院	0			
	光明寺	明石	知恩院	0			
	心光寺	三木	知恩院	0			
	光明寺	三木	知恩院	0			
美作 12カ寺	誕生寺	里方	知恩院	0	○	○	
	泰安寺	里方	知恩院	0		○	
備前 11カ寺	正覚寺	岡山	知恩院	3	○	○	池田家菩提寺
	報恩寺	岡山	知恩院	0	○	○	
備中 18カ寺	玄忠寺	笠岡	知恩院	3			
	誓願寺	倉敷	知恩院	0			
備後 37カ寺	定福寺	福山	知恩院	0	○	○	水野家菩提寺
	大念寺	福山	知恩院	2	○	○	
	一心寺	福山	知恩院	0		○	
	洞林寺	福山	知恩院	0	○	○	
	三勝寺	三次	知恩院	0	○	○	
	大善寺	三原	知恩院	9	○	○	小早川家菩提寺
	極楽寺	三原	知恩院	1	○	○	
	正授院	尾道	知恩院	0	○	○	
	信行寺	尾道	知恩院	0	○	○	
	全政寺	西条	知恩院	0		○	

国名	寺　名	住　所	本寺名	末寺数	元禄	明治	備　考
安芸 28カ寺	妙慶院	広島	知恩院	0	○	○	福嶋家菩提寺
周防 113カ寺	善生寺	山口	知恩院	1	○	○	
	実相院	岩国	知恩院	6	○	○	
長門 42カ寺	常念寺	萩	知恩院	15	○	○	
丹波 46カ寺	光忠寺	亀山	知恩院	10	○	○	松平家菩提寺
	来迎寺	笹山	知恩院	3		○	
	教伝寺	園部	知恩院	8	○	○	
	称名寺	黒井	知恩院	4		○	
	宗福寺	亀山	知恩院	0			
	寿仙庵	亀山	知恩院	0			
	無量寺	寺村					元禄由緒書になし
	梅相院	牧村	知恩院	0			
	金光寺	中村	知恩院	0			
	道永寺	観音寺	知恩院	0			
	法鷲寺	福知山	知恩院	0	○	○	朽木家菩提寺
丹後 20カ寺	大頂寺	宮津	知恩院	4	○	○	
但馬 36カ寺	瑞泰寺	豊岡	知恩院	0	○	○	京極家菩提寺
	玉翁院	生野	知恩院	0	○	○	徳川家康菩提寺
	昌念寺	出石	知恩院	0	○	○	
	高徳寺	出石	知恩院	0	○	○	小出家菩提寺
因幡 23カ寺	慶安寺	鳥取	知恩院	0	○	○	池田家菩提寺
伯耆 19カ寺	ナシ						因幡慶安寺兼帯
出雲 35カ寺	月照寺	松江	知恩院	0	○	○	
	信楽寺	松江	知恩院	0	○	○	
石見 40カ寺	浄国寺	銀山	知恩院	0	○	○	
	大願寺	大田	知恩院	0	○	○	聖光由緒寺院
隠岐 15カ寺	専念寺	島前	知恩院	1		○	
	善立寺	島後	知恩院	10	○	○	
豊前 31カ寺	峯高寺	小倉	知恩院	7	0	0	小笠原家菩提寺

国名	寺　名	住　所	本寺名	末寺数	元禄	明治	備　考
豊後	長昌寺	杵築	知恩院	3	○	○	松平家菩提寺
52カ寺	浄土寺	府内	知恩院	8	○	○	
筑前	少林寺	福岡	知恩院	3	○		黒田家菩提寺
84カ寺	円応寺	福岡	知恩院	3		○	黒田家菩提寺
筑後 102カ寺	善導寺	久留米	知恩院	99	○	○	聖光由緒寺院
肥前	大音寺	長崎	知恩院	5	○	○	
146カ寺	浄泰寺	唐津	知恩院	4	○	○	寺沢家菩提寺
	正定寺	佐賀	知恩院	23	○	○	
	正定寺	唐津	知恩院	0	○		土井家菩提寺
	誓願寺	平戸	知恩院	13	○	○	
	法音寺	平戸	知恩院	3	○	○	
	長安寺	大村	知恩院	3	○	○	大村家菩提寺
	宗念寺	五島	知恩院			○	元禄由緒書になし
肥後 30カ寺	ナシ						筑後善導寺兼帯
日向	空也寺	飯肥	知恩院	0		○	
79カ寺	常念寺	延岡	知恩院	0	○		
	専念寺	延岡	知恩院	0	○	○	
	本誓寺	延岡	知恩院	0	○		
	安養寺	高鍋	知恩院	3		○	秋月家菩提寺
	円福寺	高鍋	知恩院	2			
	専修寺	美々津	知恩院	0			
	誓念寺	佐土原	知恩院	1		○	
	高月院	佐土原	知恩院	7			島津家菩提寺
大隅	願成寺	帖佐	知恩院	5	○	○	
6カ寺	本誓寺	加作木	知恩院		○	○	元禄由緒書になし
薩摩 9カ寺	不断光院	鹿児島	知恩院	8	○	○	
壱岐	ナシ						浄土宗寺院なし
対馬	海岸寺	府中	知恩院	0	○	○	
8カ寺	修繕庵	府中	知恩院	2		○	

(B)　増上寺管轄分　　　　　　　　　　　　　　　　　　文政十一年八月現在

国名	寺名	住所	本寺名	末寺数	元禄	明治	備考
三河	大樹寺	岡崎	知恩院	1	○	○	松平家菩提寺
37カ寺	信光明寺	岡崎	知恩院	0	○	○	松平家菩提寺
	松応寺	岡崎	知恩院	0	○	○	松平家菩提寺
	高月院	松平郷	知恩院	0		○	松平家菩提寺
	悟真寺	吉田	知恩院	0	○	○	
	隣松寺	上野	知恩院				元禄由緒書になし
	大聖寺	中之郷					元禄由緒書になし
	大恩寺	御津	知恩院	23	○	○	牧野家菩提寺
遠江不明	西伝寺	蒲	知恩院				遠江元禄由緒書現
	清瀧寺	二俣	増上寺				存せず
駿河	宝台院	駿府	知恩院	5		○	徳川家菩提寺
103カ寺							
甲斐	善光寺	甲府	知恩院	0			由緒寺院
138カ寺							
伊豆	三島年番	三島					
63カ寺							
相模	光明寺	鎌倉	知恩院	75			檀林寺院
108カ寺	阿弥陀寺	塔之沢	増上寺	5			
	大蓮寺	小田原	知恩院	0			小田原三判役
	浄蓮寺	小田原	増上寺	0			小田原三判役
	無量寺	小田原	光明寺	0			小田原三判役
	大長寺	岩瀬	知恩院	10			
	安養院	鎌倉	知恩院	8			
	良心寺	浦ノ郷	知恩院	0			元禄由緒書になし
	南蓮寺	中郡	増上寺	0			中郡三判役
	宗源寺	中郡	増上寺	0			中郡三判役
	浄源寺	中郡	増上寺	0			中郡三判役
	貞宗寺	玉縄	増上寺	0			徳川家菩提寺
武蔵	蓮馨寺	川越	知恩院	15			檀林寺院
240カ寺	勝願寺	鴻巣	知恩院	70			檀林寺院
	浄国寺	岩付	知恩院	25			檀林寺院
	大善寺	瀧山	知恩院	27			檀林寺院
	森厳寺	北沢	知恩院				元禄由緒書になし
	光専寺	吉祥寺	知恩院				元禄由緒書になし
	円泉寺	嘉兵衛	知恩院				元禄由緒書になし
	浄真寺	奥沢	知恩院	0			

国名	寺　名	住　所	本寺名	末寺数	元禄	明治	備　考
	林西寺	平方	知恩院	12			
	熊谷寺	熊谷	知恩院	2			由緒寺院
	┌泉沢寺	稲毛	知恩院	5			
	├光明寺	鵜木	知恩院	0			
	└泉谷寺	小机	知恩院	29			由緒寺院
	天嶽寺	越谷	知恩院	2			
	教安寺	川崎	増上寺				元禄由緒書になし
	┌成仏寺	神奈川	知恩院	3			
	└慶運寺	神奈川	成仏寺	1			
	心行寺	荏田	増上寺				元禄由緒書になし
	大善寺	山田	増上寺				元禄由緒書になし
	┌正光寺	岩淵	増上寺	0			岩淵筋
	├常福寺	戸田	増上寺	0			岩淵筋
	├西福寺	川口	増上寺	3			岩淵筋
	├専称寺	足立	増上寺	4			岩淵筋
	├林泉寺	増林	増上寺	1			岩淵筋
	├清浄院	六ケ村	増上寺	5			岩淵筋　元禄なし
	├法台寺	片山	増上寺				岩淵筋　元禄なし
	└長伝寺	与野	増上寺				岩淵筋
	┌金蔵寺	葛西	増上寺	7			葛西筋
	├浄興寺	葛西	増上寺	9			葛西筋
	├浄心寺	葛西	増上寺	0			葛西筋
	├西念寺	葛西	増上寺	6			葛西筋
	├源法寺	小松川	増上寺	3			葛西筋
	├寿光院	小松川	知恩院	0			葛西筋
	├仲台院	小松川	増上寺	2			葛西筋
	├大蓮寺	行徳	増上寺	0			葛西筋
	├源心寺	闕真間	増上寺	0			葛西筋
	├善照寺	行徳	増上寺	0			葛西筋
	├法伝寺	行徳	増上寺	0			葛西筋
	├清岸寺	行徳	増上寺	0			葛西筋
	├浄閑寺	行徳	増上寺	0			葛西筋
	├大徳寺	行徳	増上寺	0			葛西筋
	└浄勝寺	船橋	増上寺	2			葛西筋
安房	金台寺	北条	知恩院	7			
39カ寺	大巌院	大網	知恩院	22			霊巌由緒寺院
上総	瑞安寺	推津	大巌寺	0			
13カ寺	┌選択寺	木更津	増上寺	2			
	└大乗寺	冨津	増上寺	5			

国名	寺　名	住　所	本寺名	末寺数	元禄	明治	備　考
下総	弘経寺	飯沼	知恩院	62			檀林寺院
209カ寺	大巌寺	生実	知恩院	26			檀林寺院
	弘経寺	結城	知恩院	18			檀林寺院
	東漸寺	小金	知恩院	20			檀林寺院
	光明寺	鏑木	知恩院	11			良忠由緒寺院
	来迎寺	千葉	大巌寺	0			満誉由緒寺院
	弘経寺	大鹿					元禄由緒書になし
	浄福寺	下小堀	知恩院	0			良忠由緒寺院
	清光寺	佐倉		0			松平家菩提寺
常陸	常福寺	瓜連	知恩院	48			檀林寺院
60カ寺	大念寺	江戸崎	知恩院	12			檀林寺院
江戸	伝通院	小石川	知恩院	16			檀林寺院
292カ寺	誓願寺	浅草	知恩院	0			徳川家菩提寺
	天徳寺	西久保	知恩院	0			
	霊山寺	本所	知恩院	4			檀林寺院
	霊巌寺	深川	知恩院	8			檀林寺院
	幡随院	浅草	知恩院	11			檀林寺院
	三田筋			42			
	山之手筋			50			
	浅草筋			45			
	下谷筋			36			
	深川筋			11			
	祐天寺	目黒	増上寺				元禄由緒書になし
	幡龍寺	目黒	増上寺				元禄由緒書になし
	長泉院	目黒	増上寺				元禄由緒書になし
	法住寺	三崎	増上寺	0			
	清光寺	浅草	増上寺	1			水戸家菩提寺
信濃	峯高寺	飯田	知恩院	0		○	小笠原家菩提寺
190カ寺	柏心寺	飯田	知恩院	1		○	
	来迎寺	飯田	知恩院	0	○	○	脇坂家菩提寺
	西教寺	飯田	知恩院	1		○	
	満光寺	高遠	知恩院			○	元禄由緒書になし
	大英寺	松代	知恩院	2	○	○	真田家菩提寺
	願行寺	松代	知恩院	1		○	真田家菩提寺
	芳泉寺	上田	知恩院	5		○	仙石家菩提寺
	願行寺	上田	知恩院	0			真田家菩提寺
	呈蓮寺	上田	知恩院	0			
	忠恩寺	飯山	知恩院	0	○	○	松平家菩提寺

国名	寺名	住所	本寺名	末寺数	元禄	明治	備考
	貞松院	諏訪	知恩院	1		○	松平忠輝由緒寺院
	浄久寺	駒場	知恩院	3			宮崎家菩提寺
	玄向寺	松本	増上寺	0			水野家菩提寺
	光岳寺	小諸	知恩院		○	○	元禄由緒書になし
上野 50カ寺	大光院	新田	知恩院	26			檀林寺院
	善導寺	館林	知恩院	19			檀林寺院
	大信寺	高崎	大光院	1			
	安国寺	高崎	勝願寺	0			
	大泉寺	安中	知恩院	0			
	善導寺	吾妻	増上寺				元禄由緒書になし
	宗本寺	中之条	増上寺				元禄由緒書になし
	清見寺	中之条	増上寺				元禄由緒書になし
	大覚寺	岡崎	増上寺				元禄由緒書になし
	源空寺	白井	知恩院				元禄由緒書になし
下野 25カ寺	円通寺	大沢	知恩院	198			名越檀林寺院
	光琳寺	宇都宮	増上寺	1			
陸奥 367カ寺	専称寺	岩城	知恩院	203			名越檀林寺院
	願成就寺	会津	知恩院	5			上杉家菩提寺
	如来寺	岩城	知恩院	31			名越由緒寺院
	成徳寺	楢葉	知恩院	36			名越由緒寺院
	融通寺	会津	知恩院	11			由緒寺院
	高巌寺	会津	知恩院	33			蒲生家菩提寺
	大泉寺	南部	増上寺	3			南部家菩提寺
	良善寺	平	増上寺				元禄由緒書になし
	善昌寺	平	知恩院	5			内藤家菩提寺
	興仁寺	相馬					元禄由緒書になし
	正行寺	松前					元禄由緒書になし
	光善寺	松前					元禄由緒書になし
	善光寺	蝦夷地					元禄由緒書になし
出羽 110カ寺	極楽寺	米沢	専称寺	7			上杉家菩提寺
	大督寺	庄内	知恩院	0			酒井家菩提寺
	誓願寺	秋田	円通寺	1			佐竹家菩提寺
	正念寺	亀田	増上寺	0			岩城家菩提寺
	天然寺	本庄	増上寺				元禄由緒書になし
越後 77カ寺	長恩寺	高田	知恩院	0	○	○	松平家菩提寺
	光徳寺	村上					元禄由緒書になし
	新善光寺	津川					元禄由緒書になし

院支配之儀者無御座候、

一、従　御公儀御触御座候節者、従増上寺申来、右三ケ寺へも申渡候、已上、

酉二月十四日

とある。これをみると知恩院は惣本寺として各本山に対して綸旨の執奏権を有するだけであり、支配権はもっていない。増上寺は幕府から直接伝達された命令を知恩院や各本山に伝達している。増上寺は行政面では触頭として知恩院に優先する権限を有していた。

次にこの表を知恩院分と増上寺分に区分をした理由であるが、まず原史料の形態に従ったことはいうまでもない。江戸時代には両者の間に明確な管轄区分があったようである。

寛政元年（一七八九）二月に増上寺役者から当時の寺社奉行松平紀伊守信道に提出した報告書によると、

一、御当山（増上寺）支配国者何国々ニ而候哉、右之外者知恩院支配ニ候哉、但、一国毎ニ触頭等も有之候哉之旨ニ御座候、

此段関八州・陸奥国・出羽・越後・信濃・甲斐・伊豆・駿河・遠江・三河、此拾七ケ国之寺院者御当山之支配ニ御座候、但、此内越後・信濃・伊豆・駿河・遠江・三河六ケ国之寺院者、知恩院ゟ触出候事も有之、就中越後・信濃両国之寺院共知恩院・御当山之両触ニ御座候、右之外四拾九ケ国之寺院者京都知恩院幷浄華院・金戒光明寺・知恩寺、又西山流粟生光明寺・京都円福寺・禅林寺・誓願寺等之支配ニ御座候、乍然御用向幷法義之品ニより、右国々之寺院江御当山ゟ直達之事も有之候、且一国毎に多分者触頭等有之、関八州・奥羽両国之寺院者、檀林所ニ而触頭相兼候、又遠近共御当山ゟ別触之寺院も有之、又触頭ニ者無之候得共、触口ト相究候も有之、又国所ニより知恩院より究置候触頭ニ者無之候得共、前来御当山より申渡置候触頭寺も御座候、

とある。これによると増上寺の管轄区域は関東を中心に十七カ国であることがわかる。この中で越後・信濃・伊豆・駿河・遠江・三河は知恩院の触頭も存在し、越後・信濃は知恩院と増上寺の両触であるといっている。そして知恩院管轄区域はこの外の四十九カ国であるといっている。このことは前述の表5の内容と完全に一致している。知恩院の実質的な管轄区域は五十五カ国と考えることができるであろう。なお、信濃は両触を裏付ける史料が多数現存しており、信濃の触頭制度については稿を改めて記してみたい⑺。触頭は領国毎に原則として設置されているが、例外は伯耆国と肥後国であり、伯耆は因幡の慶安寺が兼帯している。これは藩主池田氏の領国支配の関係でこのようになっているのであろう。肥後国は筑後の有力本山善導寺の末寺が多かったからである。

次に表5の各項について順次所要の解説を加えてみたい。

国名の項は五畿七道の順に整理した。これは知恩院と増上寺の管轄区域を明確にするためである。国名の総寺院数は「浄土宗寺院由緒書」によった。

寺名の項は寺名以外に門中・役者・年番・街道筋等の例外的な記載がある。これらについては次項の「触頭寺院の類型」で解説したい。括弧で数カ寺まとめてあるのはこれらが一グループで触頭寺院の役割を果すということである。

住所の項は表記の基準に画一性がないが、前述の両触頭台帳の記載によったものである。

本寺の項は両触頭台帳共に記載がなかったので、私が「浄土宗寺院由緒書」と浄土宗東京事務所に現存する明治期の「浄土宗寺院台帳」を参考にして記入したものである。そのため確認できなかった寺院もあるが、知恩院管轄分の触頭は和泉の旭蓮社と越中の来迎寺は無本寺で例外であるが、それ以外は全て知恩院末と考えてよかろう。一方、増上寺管轄分の触頭の本寺は種々雑多である。これは知恩院の本末関係が伝統的、自然発生的に成立しているのに対して、増上寺の本末関係は幕府の政策を背景にして急速に、しかも意図的に成立していることによるものであろう。

表6　和泉の触頭の末寺数と触下支配寺院数

(寺　名)	(住　所)	(末寺数)	(触下寺院数)
遍照寺	堺	2	33
超善寺	堺	1	
上善寺	佐野	19	20
西福寺	春木	30	43
大光寺	中庄	22	26
光明寺	岸和田	3	11
鳥取門中	鳥取		14
万願寺	貝掛	2	8
宗福寺	箱作	3	
万福寺	舞村	0	
旭蓮社	堺		

末寺数の項は主として「浄土宗寺院由緒書」によった。末寺数と触頭寺院の触下支配寺院数とは直接的な結び付きはない。ただ末寺は必ず触下寺院の中に組み入れられており、末寺数の多い寺院が伝統的な有力寺院と見做すことができるので記入することにした。

今試みに触頭の末寺数と触下寺院の関係について二、三の例を紹介してみたい。

まず和泉国を例にとって考えてみたい。

表6をみると、堺の遍照寺・超善寺と岸和田の光明寺は末寺数は少ないが触頭として多く触下寺院を有している。佐野の上善寺、春木の西福寺、中庄の大光寺は多数の末寺を有した本寺がそのまま触頭をつとめている。鳥取門中は惣門中で触頭役を請け負っている。万願寺等三カ寺は寺院数の少ない地域であり、触頭より一段軽い触口寺院であると思われる。旭蓮社は無本寺の特殊な寺院であるが、元禄の「浄土宗寺院由緒書」に記載されていない。おそらく旭蓮社は触下を持たない単独寺院であったと思われるので、別触れの触口寺院であったものと思われる。このように末寺数は触下寺院の実態を物語るものではない。

次に関東の檀林岩付浄国寺の末寺と触下支配寺院の関係について考えてみたい。浄国寺の本末関係については、拙著『近世浄土宗史の研究』第十二章「武蔵岩付浄国寺の本末関係」を参照していただきたい。浄国寺には元禄八年十一月に増上寺に提出した触下寺院の寺院由緒書の控が現存している。この控台帳を整理すると表7の如くである。

表7　浄国寺触下寺院一覧表（元禄8年現在）

（寺名）	（住所）	（本寺）	（末寺・支配）	（寛永）	（貞享）	（又末）
大英寺	騎西	浄国寺	末寺	○		
月崇寺	笠間	浄国寺	末寺	○		
性翁寺	宮城	浄国寺	末寺	○		
平源寺	平野	浄国寺	末寺		○	
全棟寺	谷古田	浄国寺	末寺	知恩院	○	1
小林寺	小敷谷	浄国寺	末寺			1
倉常寺	庄内	浄国寺	末寺		○	
西方寺	長宮	浄国寺	末寺	○		
全学寺	舎人	浄国寺	末寺		○	1
一行寺	遊馬	浄国寺	末寺		○	
西願寺	遊馬	浄国寺	末寺		○	1
心光寺	大場	浄国寺	末寺			
西光寺	淵江	浄国寺	末寺		○	
浄往寺	草加	浄国寺	末寺		○	1
法界寺	寺山	浄国寺	末寺			
教存寺	谷古田	浄国寺	末寺		○	
澄円寺	加倉	浄国寺	末寺			
宗蓮寺	赤堀	浄国寺	末寺			
法蓮寺	下高輪	浄国寺	末寺			
浄林寺	百間	浄国寺	末寺			
浄安寺	岩付	知恩院	支配	知恩院	○	7
聖福寺	幸手	知恩院	支配		○	1
浄音寺	大相模	知恩院	支配	浄安寺	○	2
西門寺	舎人	知恩院	触下			1
源証寺	舎人	知恩院	触下			2
光照院	岩付	知恩寺	触下			

この表7を見ると浄国寺の触下寺院は末寺二十カ寺（又末五カ寺）と浄国寺触下支配六カ寺（又末十三カ寺）の総計四十四カ寺である。更にこの四十四カ寺を『寛永本末帳』と貞享四年の田舎檀林江新附之寺院覚によって浄国寺の触下になるまでの経緯を整理してみた。

『寛永本末帳』をみると、浄国寺の末寺は大英寺など四カ寺であり、全棟寺や浄安寺は知恩院末と記されている。越谷安国寺所蔵の元和三年十月十日付の増上寺源誉存応書状⑧をみると、

一書指遣候、前々末寺之以筋目、浄安寺江出仕之儀神妙ニ候、向後諸末寺江可及其断之間、取持尤候、万早々、かし

く、

元和三年巳　　普光観智国師

十月十日　　源誉（花押）

安国寺

とあり、増上寺の源誉存応は浄安寺の末寺安国寺に対して、諸末寺が本寺浄安寺に神妙に出仕するよう伝達することを申し入れている。事実『寛永本末帳』には浄安寺末寺として浄音寺など末寺四カ寺と記されている。このように浄安寺は江戸初期には浄国寺と同格の知恩院末寺として岩付の有力寺院であったことがわかる。

　ところがこれが貞享四年に出された田舎檀林江新附之寺院覚によって大きく変化している。この覚には、

貞享二丑年仰出之内、田舎檀林拾三ケ寺近辺ニ有之知恩院・増上寺両末之分、其檀所之或末寺、支配ニ相附可申、但、無拠由緒之寺院、断有之者被遂穿鑿、於無其謂者、急度可被申付由有之ニ付、此度檀林江支配寺幷末寺附属之次第、寺社奉行所江従増上寺依相談、其檀林之五里余六里之内ニ有之右両寺之末寺、向後檀林江末寺、又者支配ニ可被相附候、但、拾石以上之　御朱印寺院之分者、其檀林之支配寺ニ被相定、自分之弟子者不及申、又末之弟子迄、其檀林へ令入寺、可被為致修学、勿論為支配寺上者、対能化不可有無礼候、且又支配之寺院、或隠居、或無住之節者、後住之儀直弟於為其檀林之所化、増上寺江従檀林相達之、吟味之上、年数於相応之者、如先規之可被許容、次拾石以下之　御朱印寺、其外之小寺者、各檀林末寺ニ可被相附之、然上者一向任其檀林之指図、本末之規式、急度可相守者也、

岩附浄国寺　有来末寺七ケ寺、但、寺号不記之、

新附支配　岩附　浄安寺

同　断　　幸手　正福寺

同　断　　大相模　浄音寺

新附之末寺　上平野村　平源寺

同　断　　谷古田　全棟寺

同　断　　椿　村　倉常寺

同　断　　南草(加)賀　教存寺

同　断　　南草(加)賀　浄往寺

同　断　　遊馬村　西願寺

同　断　　同　所　一行寺

同　断　　(古)子千谷村　全学寺

同　断　　保木間村　西光寺

右新附拾弐箇寺

（他の檀林分省略）

右之趣不可有違背、大光院・常福寺・大巌寺三檀林者、其近辺ニ知恩院・増上寺両末之寺院無之ニ付、此度無新附者也、

貞享四卯年正月日　　寺社奉行所

とある。これをみると江戸檀林五カ寺を除く田舎檀林十三カ寺の内浄国寺等十カ檀林は、その檀林の五、六里以内にある知恩院と増上寺の末寺を貞享四年に寺社奉行の指示によって自己の末寺、又は支配寺に組み込んでいる。詳細は

拙著『近世浄土宗史の研究』第十六章三「関東十八檀林制度の確立」を参照していただきたい。これは教団内部の伝統的な本末関係を超えて幕府の寺社行政が優先したことを示すものであり、檀林に明らかに触頭の任務を負担させている。

浄国寺を具体的に例にとると、前述の如く寛永年間には末寺は四カ寺であった。それが貞享四年までに七カ寺になり、貞享四年に支配三カ寺、末寺九カ寺が追加されている。更に元禄八年には支配触下六カ寺、末寺総計二十カ寺に増加している。支配寺と末寺の区分は朱印十石以上は支配寺、十石以下は末寺扱いである。そのため末寺数の増加を単純に本末関係の強化と見倣すことはできない。私はむしろ触頭制度の強化に伴い、必然的に末寺化寺院が増加したものと考えたい。この詳細は拙著『近世浄土宗史の研究』第十二章三「浄国寺の本末制度」を参照していただきたい。いずれにしても元禄八年現在浄国寺は又末寺院も含めて四十四カ寺の触下寺院をもっていたが、この中で末寺は二十五カ寺である。更に実質的な末寺はもっと少なかったはずである。

以上の如く末寺数と触下寺院数の関係は複雑であり、本来表5「諸国触頭寺院一覧表」では触頭の触下寺院数を記入すべきであるが、後述の如く触頭には変遷があり、特定の数カ国以外その数を明確にすることができない。次に表5「諸国触頭寺院一覧表」の説明に戻り、元禄の項に○印がついているのは、元禄年間の「浄土宗寺院由緒書」や「知恩院日鑑」によって、当時触頭の役割を果していたことが裏付けられる寺院である。

例えば『知恩院史料集』一所収の元禄二年十月十七日付の知恩院役者書状案には、

去比鉄砲御改之儀被仰出候、依之其地へ申遣候処、加賀・能登・越中御門中不残御吟味候而、手形判形一帳被相認、此度被差上、慥致受納候、為其如此御座候、恐惶謹言、

（元禄二年）
十月十七日　――

加賀
如来寺
惣御門中

とあり、加賀如来寺は元禄二年の鉄砲改めの際に加賀・能登・越中の総触頭を勤めていたことがわかる。元禄九年の「浄土宗寺院由緒書」も全く同様な形式をとっている。能登・越中にも触頭は存在するが、藩主前田氏との結び付きにより加賀金沢の如来寺が代表していたのであろう。

元禄の項に○印がついている寺院は前述の如く何らかの形で当時触頭である例証がとれた寺院である。明治の項に○印がついているのは増上寺所蔵の「浄土宗鎮西流触頭簿」(9)によったものである。しかしこれは知恩院末触頭分だけであり、増上寺分については明確でない。詳細は触頭寺院の変遷の箇所で述べるが、元禄と明治の両方の項に○がついている寺院は江戸時代に一貫して触頭を勤めた有力寺院が多い。

備考の項はそれぞれの寺院の特記事項を記したものである。この詳細は触頭寺院の類型の箇所で述べたい。

2　触頭寺院の類型

表5「諸国触頭寺院一覧表」の寺名や備考の項にも見られるように触頭には種々の名称がある。これらは名称が異なるだけでほぼ同様な役割を果している。

例えば『知恩院史料集』二所収の元禄九年十月二十三日付の知恩院書翰案には、

今般元祖上人(法然)贈大師号之儀御奉書到来、去十二日小笠原佐渡守(長重)殿方丈江被仰渡候、追付　勅許可有御座候、依之来月中ニも御法会御執行可有之候間、其節者其許御門中長老分不残登山候而、御法事御勤可有候、(之脱カ)尤及其節可申

述候得共、先為御心得如此御座候、恐惶謹言、
追啓、在辺之御末寺方之儀候へハ、重而可申述候、已上、
十月二十三日
大坂　御役者中
堺　超善寺　遍照寺　惣御門中
大津　花階寺　惣御門中
南都　興善寺　惣御門中
伏見南北　惣御門中
郡山　龍巌寺　惣御門中
右何も同文体也、

とある。これは法然がはじめて円光大師号を勅許された時に、知恩院が末寺に本山出仕を命じた書状である。この書状の宛所が触頭であるが、これをみると触頭は特定の寺院だけでなく、種々の形式があることがわかる。そこでこれらの触頭をいくつかの類型に区分して整理してみたい。

触頭の様式によって区分すると左記の如くである。

1　一国一触頭
2　地域の一、二の特定寺院
3　門中の長老が交替
4　地域の複数の特定寺院が年番

5　惣門中が共同

6　街道筋が順番

7　その他

これらについて所要の解説を加えてみたい。

一国一触頭とは、大名の領国内を単一の触頭で管轄することである。原則的には尾張の相応寺、駿河の宝台院、紀伊の大智寺、築後の善導寺といった有力寺院が多い。反面、飛驒の大雄寺、讃岐の浄願寺、若狭の心光寺、佐渡の法界寺等遠隔地で浄土宗寺院の少ない領国でもこのような様式がある。江戸時代初期にはこの様式が多かったようであり、藩単位で考えれば一藩一触頭の地域が多い。それが種々の事情で複数の触頭が生まれることになる。この場合でも伊賀のように念仏寺と大善寺の二カ寺が交代で一触頭を勤める場合と、能登のように西光寺と宝幢寺が両方で触頭を勤める場合がある。前者は一国一触頭の変型であり、後者が「2　地域の一、二の特定寺院」に相当するケースである。

門中の長老が交替で触頭を勤める地域は、京都・伏見・大坂等の寺院集中地域である。京都は上京・下京、伏見は南組・北組に分かれ、それぞれ門中の長老が自分の寺で順次触頭役を勤めている。大坂は八丁目・生玉・下寺町・天満の四寺町に分かれ、それぞれの寺町から選出された長老が役者として触頭役を勤めている。

関東では増上寺所蔵の「規約類聚」(10)二所収の小田原門中定書案をみると次の如くである。

覚

一、小田原門中、先年ゟ上座次第三箇寺触頭ニ相定、　公儀御触事、其外門中江相達候儀者、三箇寺江申遣候、猶又前々申渡候通、不限何事三箇寺申合、門中之差引入念可申候、若又門中之内出入等有之、三箇寺之不能了

簡儀者、先規之通り添翰を以、当山江可被相訴候事、

（後略）

享保十乙巳年七月　　　　　　　　　　　増上寺　役者

小田原

触頭三箇寺

小田原でも門中の上座三カ寺が触頭を勤めていることがわかる。上座は法臈によって決まるものであり、上座三カ寺とは寺の格式ではなく住職の個人的な法臈の序列の上位三人ということである。本来触頭は寺院本位で固定されていることが原則であるのに対して、これらは門中の長老という人物本位で流動的に触頭役が任命されているのであり、普遍的な触頭制度から見れば異例である。しかしこれらの寺院集中地域では由緒や勢力からみて安定した触頭寺院を特定することは困難であり、人物本位で選出されたものであろう。

次に4の地域の複数の特定寺院が年番で触頭を勤める例を考えてみたい。

天明五年三月付の三河御津（豊川市）の大恩寺所蔵の増上寺役者の達書によると、

其寺近年其境紫衣三ケ寺年番之触下相属有之候処、今度格段　思召を以、御当山直触被　仰付候、此段三ケ寺江茂相達候間、以来改変有之間敷旨被　仰出候事、

天明五巳年

三月　　　　　　　　　増上寺

役者（印）

三州　大恩寺

とある。これをみると大恩寺はこの時三河三カ寺の触下から独立して増上寺の直触に昇格したことがわかる。しかも

三河では紫衣三カ寺が年番で従来触頭を勤めていたことが記されている。この紫衣三カ寺とは大恩寺所蔵の元禄十年二月十一日付の知恩院役者触状写によると、

今度元祖（法然）上人円光大師御贈号　宸翰之　勅書、以　勅使被成下候、誠宗門之光花不過之難有御儀候、其地御宗門為拝礼、以惣代大師前江可被献御報謝候、

（元禄十年）二月十一日

知恩院役者

九勝院
忠岸院
常称院
西園寺
勝巌院
超勝院
勝円寺
浄運寺
善導寺

参河
松応寺
信光明寺
大樹寺

とある。これをみると表5「諸国触頭寺院一覧表」の三河国の条と一致する松応寺・信光明寺・大樹寺の三カ寺が紫衣格の触頭寺院であることがわかる。増上寺分では高月院が加わって四カ寺が交替で年番を勤めているが、高月院は後から加わったものである。三河と同様の例は伊豆国でも三島年番役がある。

5の惣門中が共同で触頭役を請け負うのは、和泉の鳥取門中、摂津の兵庫門中、粟生門中、近江の大津門中などであり、これらは特定区域である程度のまとまりをもった寺院である。

6の街道筋が順番で触を順達する例は江戸が典型的である。増上寺所蔵の「御府内・御府外御末山触下寺院取次御礼金控」[11]をみると、伝通院・霊巌寺・霊山寺・幡随院の江戸檀林の触頭の触下寺院と天徳寺・誓願寺を除く、江戸の知恩院・増上寺末の本寺格の寺院は特定の触頭をもたず、三田筋(東海道)・山之手筋(甲州街道)・浅草筋(日光街道)・下谷筋(中山道)・深川筋の五区(五口)に区分され、街道に沿って直接触書が順達された。更に武蔵の岩淵筋や葛西筋も、それぞれ中山道と日光街道を中心に触書が順達されている。一方、江戸や武蔵のような寺院集中地区とは別に遠隔地の寺院数の少ない街道筋でも同様の順達形式がとられたようである。上野の高崎大信寺所蔵の寛政年間の十二月二十日付の増上寺役者達書をみると、

別紙御書付壱通、先月廿三日寺社御奉行松平右京亮(輝和)殿、臨時御内寄合御列席之上、則右京亮殿御達被成候、右御書付者御老中松平越中守(定信)殿御渡被成候旨被仰付、御書面之趣諸寺院江行届候様被仰渡候、(中略)

十二月二十日　　増上寺　役者

高崎　大信寺(印)

同　安国寺(印)

安中　大泉寺(印)

吾妻　　善道寺（印）
同　　　宗本寺（印）
同　　　清見寺（印）
岡崎新田大覚寺（印）
白井　　源空寺（印）

とある。これらの寺は八カ寺が連判で請印を押しており、高崎大信寺を起点として、中山道筋を順次廻達されたものであろう。

現在例証は一々確認していないが、全国でも地方の田舎では同様の順達形式が多かったようである。

3　触頭寺院の変遷

前述の如く、浄土宗の触頭寺院はすでに寛永十二年ごろまでにその原型が成立していたことを指摘したが、触頭寺院は固定化されたものではなく、諸般の事情で度々変遷している。そして江戸中期以降になると次第に触頭寺院が増加している。

ここでは江戸時代の触頭寺院の変遷をもっとも端的に示している美濃国を例にとり考えてみたい。これは美濃の触頭寺院の中心は岐阜の本誓寺であり、同寺には関連資料が多数現存しているからである(12)。

元禄二年（一六八九）八月日付の本誓寺所蔵の住持了求の口上書をみると、美濃国の江戸初期の触頭寺院の動向が詳細に記されている。

口上書之事

一、岐阜本誓寺者京都知恩院末寺、従往古以来美濃国中門中之僧録寺故、先規ゟ数通之廻状所持仕置候事、
一、当年十二年(延宝六年)以前、知恩院万無(玄誉)和尚御代ニ鐘楼堂御建立被成候節、新法ニ大垣円通寺・岐阜本誓寺・高須円心寺惣御門中与廻状参候、(中略)則上京仕、右之段訴訟申候得者、本山(知恩院)丈室御直談ニ、以来古法之通本誓寺惣御門中与廻状可被遣之旨被仰渡、証拠之状迄被下候、其時丈室被仰候者、円通寺・円心寺両寺者、守護之菩提所ニ候間、御用之儀者此方ゟ別紙ニ可申遣候間、除候へと被仰候、(中略)
一、今度鉄炮就御詮儀、知恩院ゟ六月廿五日之日付、七月十九日午之刻ニ廻状参候、廻文ニ大垣円通寺・岐阜本誓寺惣御門中与御座候、依之円通寺ゟ愚寺江添状仕候趣、所詮者大垣領本山御末寺ハ、円通寺ゟ手形指上可申候間、其元御門中者、貴寺ゟ御上可被成与申来候、某返書ニ大垣領本山御末寺、貴寺之外者先例之通、此方ゟ可申遣と返事仕候、依此返事円通寺京都江申達候歟、同月廿六日之日付ニ而、同廿九日午之刻ニ役者(知恩院)中ゟ之書状、愚寺江被届候、状中之趣、美濃国中御門中之手形、貴寺ゟ取集可被差上之由、然共大垣領御門中者、戸田采女正(氏定)殿菩提所之儀ニ候へ者、円通寺ゟ手形可被差上候、其外者貴寺ゟ被差上可然様ニ存候と申来候、此段古法ニ相違仕、新法ニ罷成候事、
右之趣、檀那共召寄申聞候へハ、如何様共　御公儀様御意を相守可申候、住持某・檀那同心ニ奉存候、以上、

元禄二巳年八月日　　岐阜　本誓寺(了求)(印)

寺社御奉行所

第一条をみると、本誓寺は早くから美濃の僧録寺、即ち触頭を勤めていたといっている。これは本誓寺に現存する慶安三年(一六五〇)と推定される三月二十一日付の知恩院役者衆書状や、寛文元年(一六六一)二月七日付の知恩院役者衆書状からも裏付けられる。いつから触頭を勤めていたか明瞭ではないが、延享二年(一七四五)閏十二月付の知恩院

役者衆触状をみると、寛永十年(一六三三)の本末改めの際に触頭寺院が設置された記録があり、諸国の触頭寺院の創設年次からみて、本誓寺もその時に美濃の触頭に任命されたのではないかと推定している。そして少なくとも江戸初期には本誓寺は単独で美濃一国の触頭役を勤めていたようである。

ところが第二条をみると、延宝六年(一六七八)に知恩院の鐘楼堂建立に際して本山役者から出された廻状に、新規に岐阜本誓寺と共に、大垣円通寺と高須円心寺が同格で触頭に任命されていた。本誓寺から異議が出て円通寺と円心寺の触頭役は一応取り消しとなったが、両寺は大名の菩提寺であったので、本誓寺の触下から離れて独立することで決着がついた。

第三条をみると、元禄二年の鉄炮改めの際、円通寺は本誓寺と共に触頭に指名されている。本誓寺は再度異議申し立てをしたが、今回は却下され、しかも円通寺は大垣領主戸田家の菩提寺であるので、大垣領内の浄土宗寺院の鉄炮改めは円通寺が実施することを伝達されている。本誓寺側では色々不満があったようであるが、最終的には公儀の御意には違背できないとして異存なき旨誓約書を寺社奉行所に提出している。円通寺は戸田家の菩提寺として慶長六年(一六〇一)に近江国膳所に建立された寺であり、寛永十二年(一六三五)戸田氏鉄の美濃大垣転封と共に大垣に移転した寺であり、美濃の伝統的な浄土宗寺院ではない。しかし幕藩体制が強化されてくると、浄土宗内の伝統的な行政支配機構よりも、大名の領国支配が優先するようになり、かつて本誓寺の支配下にあった大垣領の浄土宗寺院は領主菩提寺である新興の円通寺の触下寺院として取り扱われることになる。円心寺の場合も円通寺と同様である。小笠原家の菩提寺として下総古河に創設された円心寺が、寛永十七年小笠原貞信の高須転封と共に高須に移転したのである。

文政十一年(一八二八)六月付の本誓寺の願書をみると、

当寺之儀者、従先年濃州分一派之触頭、本山知恩院ゟ被申付、締方相勤来候処、寛政年中当　御奉行所において

も、右同様被　仰付、難有相勤罷在候、（後略）

とあり、本誓寺は当初浄土宗の本山知恩院から美濃の触頭に任命されたが、寛政年間には領国の寺社奉行所からも触頭に任命されており、幕藩体制の強化振りが窺える。

次に安永六年（一七七七）と推定される三月付の知恩院役者廻状写には、

当流諸寺院之面々、弟子為致得度候節、其以前俗姓等組寺ゟも相糺し、宗門之法義ニ相障候胡乱ケ間敷者、決而不可致剃度、且又他宗他門之新発意、関東修学之望有之、当宗寺院之名前を借、弟子与称し檀林所江致掛錫候者、間々有之由相聞、不埒之至候、此儀惣而宗門之法度、別而檀林所制禁之事故、入寺節訖（急）度相糺事候、弥此以後右体之儀無之様可相心得候、若及露顕候ハヽ、師匠元ニ相成候ものハ勿論、組中ニ至迄、訖（急）度御咎可被仰付候、此段諸寺院・又末寺ニ至迄、組々ニ而申合、厳密ニ相守可被申候、以上、

酉三月　　　　惣本山　役者　判

美濃国大垣　円通寺　惣門中
岐阜　本誓寺　惣門中
高須　円心寺　惣門中
上野村　行基寺

とあり、江戸後期になると、前述の三カ寺の外に行基寺が加わってくる。これ以降明治初期の触頭解体までこの四カ寺が美濃国の触頭を勤めている。行基寺の場合は触下寺院が一カ寺もなく、交通不便な遠隔地であったため単独で触が出された触口寺院であろう。他国の場合も遠隔地の寺院が単独で触口寺院として触頭に準じた役割を勤めていることが多い。この外に美濃国には京都の金戒光明寺の末寺が七カ寺あり、これらは前述の知恩院末寺の四カ寺の触頭か

ら支配をうけることなく、京都の金戒光明寺の触下寺院となっている。

以上、美濃国を例にとり触頭の変遷をながめてきた。大勢においては美濃国の事例が代表的なものであるが、参考のためいくつかの事例を紹介しておきたい。

『知恩院史料集』一所収の元禄四年二月十四日の日鑑には、

一、周防岩国領分門中触流之儀、依為菩提所、岩国実相院へ被仰付、役者ゟ書状遣之、

一、山口善生寺江岩国領分触頭之儀、岩国実相院江申渡之断状、役者ゟ遣之、

とある。これをみると、かつて周防は山口藩の善生寺が一国の触頭を勤めていたが、元禄四年二月以降、岩国藩の触頭は藩主吉川氏の菩提寺である実相院が勤めることになっている。そして江戸時代を通してこの二カ寺が周防の触頭を勤めている。これなども本山知恩院の命令の形式をとっているが、実際は藩主側の要請によって取られた処置であろう。

次に増上寺所蔵「規約類聚」(13)二所収の享保八年十二月付の定書案には、

定

一、羽州亀田之城主岩城但馬守殿(宣隆)随寺、専住山正念寺者、開祖良勝、従第二世当住迄五世、鎮西正統白旗檀林相続之僧、依為住職、今改之、永為増上寺末寺、向来異派、或者雑末之寺院与不可致混乱事、

（中略）

一、従　公儀寺院江相掛り候御触等有之節者、准諸国之触、当山ゟ直ニ正念寺江可相達候条、亀田一宗之寺院江者、従其寺可被相触之事、

一、正念寺常念仏堂、城主之依為建立、永代無退転、日時之勤行無懈怠、専修一行之外、不雑余行、如法可致執

行事、
右之条々、正念寺永式、為無異乱令連署者也、

増上寺三十八世演誉大僧正御代替役者
浄運院　心海
観智院　弁栄
弁　弘　膺誉
連　察　捜誉

享保八癸卯年十二月

出羽国亀田正念寺五世
法誉快山和尚

とある。出羽国の亀田(由利本荘市)正念寺も亀田城主岩城氏の菩提寺として、増上寺の直末寺院に昇格して、亀田藩の触頭寺院に任命されている。

このように諸国の触頭寺院は、初期には本山が諸国の有力由緒寺院を直接触頭に任命する本山主導型であったが、次第に幕藩体制の強化により、一国一触頭より藩単位で行政主導型の触頭が設置されてくる。しかもこの触頭には城下の藩主の菩提寺が多く任命されている。これも寺社行政が、かつての教団主体の自治的な教団統制から、完全に幕藩主体の封建的な幕藩体制下の支配組織に組み込まれたことを物語るものであろう。

三　摂津国の触頭制度について
——特に触頭の任命を中心に——

ここでは摂津国の触頭の動向を例にとりながら、本山知恩院がどのようにして触頭を任命したのかを検討してみたい。本項で引用する史料は全て知恩院所蔵の近世文書である。

享保八年（一七二三）二月十八日付の摂津国萱野五カ寺連署の願書には、

乍恐奉願書差上候

一、摂州池田法園寺より去冬廻文廻り候内、御本山江登山仕候節ハ、法園寺添翰於無之ハ、諸事御取上ケ無御座候段難儀奉存候、法園寺添翰を古来より取来り登山仕候事、毛頭無御座候間、只今迄之通ニ、法園寺よりかやの門中江者、触流シ迄ニ而諸事添翰無之登山仕候様ニ、被為仰付被下候ハヽ、難有可奉存候、以上、

享保八癸卯年二月十八日

摂州豊嶋郡坊之嶋 浄国寺（印）
同嶋下郡小野原 理照寺（印）
同豊嶋郡白之嶋 阿弥陀寺（印）
同 外院 願生寺（印）
同嶋下郡粟生 清滝寺（印）

御本山 御役者中

とある。これをみると、享保七年の冬に、触頭である池田法園寺から本山知恩院に出仕する時には、必ず法園寺から添翰をもらうようにという廻文が萱野五カ寺に出されたようである。これに対して萱野五カ寺は前例と違うといって本山に取消しを願い出ている。

次に享保八年二月日付の多田の安養寺・甘露寺連署の願書には、

乍恐奉願書差上ケ候

一、摂州多田甘露寺・安養寺義者、多田庄之触頭被為仰付、只今迄無相違相勤来リ候、然ニ去冬池田法園寺ゟ御本山為仰与、多田庄迄廻文差越被申候、已後左様之義無之様、乍恐御願奉申上候、委細之義者御尋之節可申上候、以上、

享保八年卯二月日

多田　安養寺(印)

同　甘露寺(印)

御本山　御役者中

とある。これをみると、多田の甘露寺と安養寺は、多田の触頭であるといって、池田法園寺から来た享保七年の冬の廻文を拒否している。そして今後このようなことは無用にしてほしいと本山知恩院に願い出ている。

同じく享保八年三月四日付の摂津国萱野五カ寺連署の願書には、

乍恐追而奉御願差上候

一、当二月廿一日ニ池田法園寺より亦去冬之廻文廻リ申候ニ付、此度組之内御願に登山仕候、先立御願書差上置候通リ、此御門中古来之通リ、触流シ迄ニ被為仰付被下候様ニ、達而御願奉申上候、以上、

享保八卯三月四日

摂州豊嶋郡坊之嶋　浄国寺(印)

同嶋下郡小野原　理照寺(印)

同豊嶋郡白之嶋　阿弥陀寺(印)

同　外院　願生寺(印)

同嶋下郡粟生　清滝寺(印)

御本山　御役者中

とある。これをみると、池田法園寺から再度前述の廻文が来たようであるが、萱野五カ寺は触流しまでだといって、法園寺の添翰は必要ないといっている。

　さらに享保九年七月二十一日付の萱野浄国寺惣代連署の口上書をみると、

　　以口上書奉願候

一、池田法園寺添翰之儀被仰出候、萱野組中添翰之義ハ、去年より御役者中迄御願被申上、未埒之内ニ御座候間、古来之通り組之連翰候而、此恵吟江住職被仰付被下候ハヽ、惣旦那中難有奉存候、無住ニ而ハ近々宗門改・諸事、地頭表相済不申、此儀我々迷惑仕候、御前宜御披露奉願候、以上、

享保九辰七月廿一日

萱野浄国寺旦那惣代
忠左衛門(印)
三左衛門(印)

御本山　御役者中

とある。これをみると、法園寺の添翰問題はまだ解決していないようである。しかし萱野組中の浄国寺の惣代は従来通のやり方で、浄国寺の後住申請を本山に提出していることがわかる。どうも触頭法園寺の萱野門中に対する添翰の義務付けはうまくいっていないようである。

　日時は前後するが、享保八年五月付の知恩院六役者衆の申渡状写には、

申渡

池田　法園寺

当時退役　池田　西光寺

多田庄　甘露寺

三　摂津国の触頭制度について

多田庄　安養寺

法園寺申出ハ、甘露寺・安養寺ハ自古来法園寺・西光寺触下之処、近来本山より数度別廻文有之、紛敷之由申之、甘露寺・安養寺申出ハ、古来ハ池田両寺之触下候得共、延宝五年万無大和尚御代、甘露寺末寺天沢寺を直末ニ差上候、其節安養寺ハ右之御取持申上候、依之為御褒美、両寺共別廻文被仰付、加之天沢寺・法泉寺之触頭たるの旨申之、双方遂吟味之処、法園寺・西光寺ハ摂州之中三郡(豊嶋郡・川辺郡・能勢郡)可相触之旨顕然也、近来も甘露寺・安養寺江可相達之書面有之、甘露寺・安養寺ハ元禄二年よりの別廻文、数通雖致所持、延宝五年より元禄二年迄十三年之間、肝要之時節別廻文一通も無之、池田両寺ニハ右之間廻文等有之、然上ハ万無和尚御代より別廻文ニ被仰付候とハ難申立之、殊更池田両寺之触下を令免許候と申、本山よりの書付も所持不仕、証拠ケ間敷物茂無之、況天沢寺・法泉寺之触頭たるの義ハ、曽而其証拠無之、自今ハ如古来法園寺・西光寺ハ触頭、甘露寺・安養寺ハ触下候、雖然万無和尚御代天沢寺御直末差上候働有之間、本山往来之義ハ甘露寺・安養寺相互ニ令添翰、触頭よりの添翰ニハ不及候、

右件之旨不可混雑者也、

享保八卯年五月

(知恩院六役者)

浄福寺
専称寺
天性寺
大雲院
常林寺
光徳寺

とある。これは知恩院の六役者から、摂津の触頭である池田の法園寺・西光寺と多田庄の甘露寺・安養寺に出された訴訟の裁許状の写である。この裁許状をみると、池田の両寺は古来から摂津国の三郡（豊嶋郡・川辺郡・能勢郡）の触頭である。多田庄はこの中に含まれている。しかし多田庄の両寺は知恩院の玄誉万無の時代、延宝五年（一六七七）に、知恩院のために特別の功績があったので、知恩院から直触になった。多田庄の両寺は同地域の触頭であると自称していたようであるが、知恩院の六役者はその確証がないとして、多田庄の両寺の言い分を退りぞけている。しかし万無時代の功績を認めて直触れを許可している。

この裁許状によって、両者の触頭の受持地域の問題は解決したはずであるが、両者の紛争はこの後も続いている。

享保八年十一月五日付の法園寺願書には、

乍恐口上書を以奉願候

一、今般御掟書御末山中江被下置候、依之於愚寺茂頂戴仕度奉存候、

一、安養寺・甘露寺出入之儀、何とそ御裁許奉願候、

一、茅野五ケ寺之儀茂落居奉願候、尤先年御書付被成下候通、弥触頭ゟ之添翰有之候様奉願候、以上、

享保八卯年十一月五日　摂州池田 法園寺（印）

御本山　御役者中

とある。また享保九年と思われる辰五月二日付の法園寺口上書には、

奉願口上書

今般諸国被仰出候御掟目、未御沙汰無御座候間、頂戴奉願候、随而触下出入之儀茂及延引、甚難儀仕候間、御憐愍を以、御裁許被成下候様ニ、偏ニ奉願候、以上、

辰五月二日　　　　　池田 法園寺（印）

御本山　御役者中

とある。これらをみると、両者の紛争は知恩院六役者の裁許状通りにはなっておらず、旧来の触頭である法園寺にも法度類が通達されていないことがわかる。

享保十一年と思われる午四月付の池田の西光寺・法園寺連署口上書には、

奉願口上書

一、四年以前御吟味被遊候、爰元触下多田庄山下甘露寺・上野安養寺幷萱野五ケ寺出入之儀、御裁許及延引、自他之悪評外聞実儀、甚迷惑ニ奉存候、御憐愍を以、何とそ早速御裁許奉願候、以上、

（享保十一年）午四月　　　摂州池田 西光寺（印）

同 法園寺（印）

御本山　御役者中

とある。これをみると、池田の両触頭と多田庄の両触頭や萱野五カ寺との出入は四年後でも解決していないことがわかる。

享保十一年九月十一日付の称名寺等五カ寺連署の扱証文には、

奉願一札之事

一、我々共出入之儀、永々懸御苦労迷惑恐入奉存候、今般京都御門中称名寺御中立被成候而、双方内証ニ而会合和融仕候、依之再奉願趣者、池田両寺儀ハ自往古触頭、殊雄誉（霊巌）上人御代御書付有之事ニ候へハ、弥其訳相立候様ニ、且亦多田両寺儀茂四十年来御当代迄、御役所ゟ御別廻被成下候儀も連綿仕、顕然ニ候間、其品も相立候

様ニ、双方共其筋御立被下、双方旦那共得心仕候様ニ被成下候ハ難有奉存候、是迄永々御願申上、御裁許前今更亦候如此之御願仕候段、恐入可奉存候共、双方和融之上、以連判申上候間、宜御聞届被下候様ニ奉願候、已上、

享保十一年午九月十一日

池田 法園寺(印)
同 西光寺(印)
多田 安養寺(印)
同 甘露寺(印)
扱 称名寺(印)

御本山　御役者中

とある。これは扱人称名寺と池田両寺・多田両寺の五カ寺が連署して、京都称名寺の仲介により池田両寺と多田両寺の永年の出入が示談になったことを本山知恩院に届出ている証文である。両者の出入は本山知恩院の裁許前に示談によって解決したのである。

二日後の享保十一年九月十三日付の五カ寺連署の口上書の中に具体的な示談の内容が記されている(前掲〇〇頁参照)。これが正式の両者の和融したことを示す示談証文である。示談の内容は、池田の法園寺と西光寺は知恩院の雄誉霊巌上人から寛永年間に三郡の触頭に任命されており、多田の安養寺・甘露寺より上位に位置する。安養寺と甘露寺は玄誉万無上人の延宝五年に特別な功績があったので知恩院の直触寺院とする。直触寺院とは知恩院から直接触書を伝達するが、触下寺院を持たない寺院のことである。由緒寺院には、知恩院や増上寺からの直触寺院が多い。内容的には前述の享保八年五月の知恩院六役者の裁許状と同様であるが、この時には多田の両寺側が納得しなかったようであ

る。しかし四年後の享保十一年九月に知恩院の裁許以前に、京都称名寺の仲介により示談となっていることに興味をひく。なにか特別な事情があったものと思われる。

最後にこれらの摂津の触頭寺院の任命形式であるが、いずれも知恩院住持からの任命である。最初の池田の法園寺と西光寺は、知恩院の雄誉霊巌上人の任命である。霊巌の知恩院在任期間は、寛永六年六月から、同十八年九月までである。この間寛永十一年に諸国の本末改めがあり、この時に当該地方の本末関係を調査するために、有力寺院である両寺が触頭に任命されたものと思われる。一方、多田の安養寺と甘露寺は、玄誉万無上人の延宝五年に甘露寺末寺の天沢寺を両寺協力して知恩院の直末寺院に差上げた功績によって、特別に知恩院の直触寺院に任命している。おそらくこれは同地方の触頭である池田の法園寺と西光寺には連絡なしに、直接多田の安養寺と甘露寺を直触寺院に任命したためにこのような問題が起ったのであろう。当時の触頭の任命は知恩院の恣意的な判断によって決められていたように思われる。

四　美濃国の触頭の変遷

――岐阜本誓寺文書を中心に――

本誓寺は岐阜市矢嶋町にある浄土宗寺院である。本誓寺は演誉疑念によって室町時代に建立された寺院であると伝えられるが、同寺所蔵の天正九年（一五八〇）初冬十八日付の知恩院二十八世浩誉聡補寺号許可状をみると、

濃州誓願寺之額、今為本寺改之、号本誓寺処也矣、

天正九暦初冬十八日　　知恩院住持

浩誉（聡補）（花押）

とある。これをみると、当初の寺号は誓願寺といい、天正九年に本誓寺と改めている。当時の本誓寺住持は中興とされる釈誉専念である。釈誉専念は、同寺所蔵（以下特別にことわらなければ全て本誓寺文書である）の貞享元年（一六八四）五月四日付の加納西方寺由緒書には、

由緒書之事

一、加納松永（戸田光永）丹波守殿於城下、当寺末寺西方寺、数世八拾年余ニ、城主奥平作州（信昌）公之時、本誓寺住持中興釈誉（専念）上人、御両所供（共）ニ本国・生国三州也、御幼稚之時手習一所ニ被成候由、自然と露顕シ、依之釈誉節々登城有之、然時城主（奥平信昌）被仰候者、本誓寺何とも望之儀候ハハ、被申候様ニト被仰候、其節釈誉被申上候願者、於御城下寺地隠居所ニ申請度ト被申上候ヘハ、即時五十間四方拝領被致、釈誉開山ニ被為成、則位牌被立候、（後略）

とある。これをみると、釈誉専念は加納城主奥平美作守信昌と三河時代に手習い仲間であったため、信昌から手厚い保護をうけており、専念の時代に本誓寺は一大発展をとげたものと思われる。そして江戸時代を通して知恩院の直末寺院として、更に触頭として美濃一国の浄土宗寺院の中心的な役割を果たしている。本誓寺は本山知恩院から出された命令を美濃の浄土宗寺院に伝達する役目を担当していた。江戸時代には触頭と呼ばれ、現在の教区の教務所に相当する役目を果していた。そのため本山と地方寺院の中継所として本誓寺には多くの史料が保管されているのである。本来触頭は一国単位で設置されており、各地に同様の指令が出されたからである。しかしこれらの史料が現存している旧触頭寺院が少なく、本誓寺の史料は江戸時代の浄土宗教団の組織を解明する上で貴重なものである。そこで本誓寺文書を中心に美濃国の触頭制度について述べてみたい。

浄土宗の江戸の総触頭は増上寺の役者が勤めていたことは前述したが、諸国の一般の触頭寺院は、別掲の諸国寺院一覧表（一六〇ページ）に明らかなように、三河国を境界にして、以西は知恩院が管轄し、以東の十七カ国は増上寺が管

轄している。そのため美濃の触頭寺院である本誓寺は知恩院の支配をうけているのであり、知恩院の関連史料が多いのである。知恩院は幕府の寺社奉行の命令を増上寺役者から伝達され、それを知恩院役者をもって管区内触頭寺院に伝達している。

美濃の触頭寺院の最初は岐阜の本誓寺一箇寺であったが、時代により変遷・増加があったようである。元禄二年（一六八九）八月日付の本誓寺口上書（前掲一二一頁参照）の第一条をみると、本誓寺は早くから美濃の僧録寺、即ち触頭を勤めていたといっている。このことは慶安三年（一六五〇）と推定される三月二十一日付の知恩院役者衆書状をみると、

　以上

本誓寺上洛、殊為御報謝孔方百疋請取申候、丈室（勝誉旧応カ）大和尚御上着被成次第、披露可仕候、猶本誓寺可為口上候、恐惶謹言、

（慶安三年カ）三月廿一日　　知恩院内

法（保カ）徳院　源甫（花押）

徳林院　源廓（花押）

濃州

惣御門中

とある。また寛文元年（一六六一）二月七日付の知恩院役者衆連署吉利支丹改め触状には、

尚以、美濃国中諸寺庵、右之旨御伝尤候、以上、

今度邪穌吉利支丹宗門、従　御公儀強御改付而、寺社御奉行衆ゟ御書付を以、諸国浄土宗江急度相触候様申来候、

白旗流儀　知恩院直末・又末等迄、在々所々諸寺庵、不残御書付之通、無油断改被申候様ニ被相触尤ニ候、則従御公儀御書出之写壱通進候、恐惶謹言

（寛文元年）
二月七日

知恩院役者
源光院　然誉（印）
先求院　行保（印）
常称院　九達（印）
智恵光院快誉（印）
天性寺　性誉（印）
勝円寺　源誉（印）
専称寺　勢誉（印）

美濃国岐阜
本誓寺
惣御門中

とある。これらの史料をみると、早くから本誓寺は美濃の僧録と触頭を勤めていたことが裏付けられる。いつから触頭を勤めていたか明瞭でないが、後世の史料であるが、延享二年（一七四五）閏十二月付の知恩院役者衆本末改触状には、

寺院本末争論之事、寛永十年諸宗より差上候寺院本末帳を以て、取捌可申義勿論ニ候、若又本末不相改候而、不叶事有之者、伺之上裁許可申付候、但、寛永以来裁許申付候内、本末帳面与相違出来之分、此節猥ニ相改候儀ニ

而者無之候、向後右之通堅く可相相心得事、

右寛永十年差上候帳全備無之様相見候間、右帳面ニ載候寺格之寺院不足之分、此節帳面取置可申事、

右之通被　仰出候間、可被得其意候、

(延享二年)丑七月

(中略)

右之通被　仰出候間、各遂吟味、別紙帳面之通相認、相違無之旨致奥印、来(延享三年)寅三月迄ニ当山江可被差出候、以上、

延享二年

丑閏十二月

惣本山役者

帰命院(印)

善想寺(印)

高樹院(印)

専念寺(印)

長香寺(印)

同　山役者

信重院(印)

源光院(印)

濃州岐阜

本誓寺
　惣門中

とある。この触状の長文の中に、寛永十年（一六三三）の本末改めの際に触頭寺院を設置された記録があるので、本誓寺もその時に美濃の触頭に任命されたのではないかと推定している。そして江戸初期には本誓寺は単独で美濃国の触頭を勤めていたようである。

ところが第二条をみると、延宝六年（一六七八）に知恩院の鐘楼堂建立に際して出された知恩院役者衆廻状に、新規に岐阜の本誓寺と共に、大垣円通寺と高須円心寺が同格で触頭に任命されていた。しかし本誓寺から異議が出て円通寺と円心寺の触頭役は一応取消しとなったが、両寺は大名の菩提寺であったので、本誓寺の触下から離れて独立することで決着がついたことがわかる。

第三条をみると、元禄二年（一六八九）の六月二十五日付の知恩院役者衆鉄炮改触状には、

此度従公儀鉄炮御改儀被　仰出候、依之公儀ゟ之御書出之写壱通、幷別紙書付手形下書壱通、以上三通遣之候間、美濃国本山御末寺・又末等迄、触落無之様、於所々改之着帳可被相認候、但、帳之寸法者竪九寸五分、横六寸九分、前書之儀案紙之通被相調、出来次第無油断、本山江可被差出候、為其如此候、恐惶謹言

（元禄二年）
六月廿五日　　　　　　　　　　　　　　知恩院役者
　　　　　　　　　　　　　　　　　　　　常称院（印）
　　　　　　　　　　　　　　　　　　　　保徳院（印）
　　　　　　　　　　　　　　　　　　　　徳林院（印）

美濃大垣

四　美濃国の触頭の変遷

円通寺
岐阜
本誓寺
惣御門中

とある。また元禄二年の七月二十六日付の『知恩院日鑑』所収の知恩院役者衆書状案には、

任幸便致啓達候、然者此度鉄砲御改之儀付、先日以書状申入候、就夫、貴寺ゟ美濃一国於吟味帳面認可被差上之由、然共大垣戸田采女正殿(氏定)御領分菩提所之儀ニ候へハ、円通寺ゟ帳面可被差上候間、其外者貴寺ゟ被遂吟味、帳面相調次第、被差上可然様存候、為其如此御座候、恐惶謹言、

(元禄二年)七月廿六日　(知恩院役者)
(常称院)
(保徳院)
(徳林院)

岐阜
本誓寺

とある。このように再度元禄二年六月の鉄炮改めの際、大垣の円通寺は本誓寺と共に触頭に指名されている。本誓寺は再度異議の申立をしたが、今回は却下され、知恩院の役者衆から円通寺は大垣領主戸田家の菩提寺であるので、大垣領内の浄土宗寺院の鉄炮改めは円通寺が実施することを伝達されている。前述の元禄二年八月日付の本誓寺口上書の最後をみると、本誓寺側では色々不満があったようであるが、最終的には公儀の御意には違背できないとして、異

存なき旨の誓約書を寺社奉行書に提出している。
『浄土宗寺院由緒書』所収の元禄十年六月二日付の大垣円通寺由緒書には、

知恩院末寺　円通寺由緒書

一、濃州安八郡大垣　旭江山遍証院円通寺者、戸田采女正(氏定)菩提寺也、古昔慶長六辛丑年戸田左門(氏鉄)江州膳所従城主之砌菩提寺仕、開基者心蓮社玄誉上人歴山和尚也、相続者増上寺十二世源誉上人存応大和尚(観智国師)会下而致剃髪、附法相続、其以後江州円通寺遂住職、遷化者元和元年三月十五日、行年六十歳而卒、寺之記録先年煙焼仕候故、

右之趣伝承候、

元禄十丁丑年六月二日　　円通寺住持聴誉保山(印)

知恩院御役者中

とある。これをみると、円通寺は戸田家の菩提寺として慶長六年(一六〇一)に近江国膳所に建立された寺であり、寛永十二年(一六三五)戸田氏鉄の大垣転封と共に大垣に移転した寺であり、美濃の伝統的な浄土宗寺院ではない。しかし幕藩体制が強化されてくると、浄土宗内の伝統的な行政支配機構よりも、大名の領国支配が優先するようになり、かつて本誓寺の支配下にあった大垣領の浄土宗寺院は領主の菩提寺である新興の円通寺の触下寺院として取扱われることになる。

高須円心寺も、『浄土宗寺院由緒書』所収の同寺由緒書をみると、

濃州石津郡高須　要行山円心寺

一、開山頓蓮社教誉上人及天和尚 元和六庚申三月廿日

姓氏・生国・剃髪所并師匠・檀林・附法師・移住之次第不存、

一、要行山起立、下総国古河城主小笠原左金吾（政信）源忠貴公、実姥酒井氏忠次公、法名先求院殿天誉高月縁心大居士為菩提而、命於頓蓮社教誉上人及天和尚、慶長年中草創、及天卒後荘蓮社厳誉上人鉄牛和尚住寺（持）、元和年中忠貴公従古河（下総）遷封於同州関宿、源蓮社聖誉上人恕迪和尚随焉、寛永十七年忠貴公不禄、号圭山瑞雲大居（士脱カ）、同年冬小笠原氏土佐守貞信公遷封於濃州高須、聖誉上人随焉、性蓮社法誉上人流厳和尚住寺（持）、元禄辛未年（四）貞信公遷采於越前国勝山焉、辛未夏為洪水寺壊而為黄壊之堆、本尊漸残、少室冒于為雨露故、後住性誉演山以法界之助成、今元禄丁丑（十年）夏、廃興寺絶、挑法燈、建立於一宇者也、

知恩院末　円心寺　演山　判

とある。円通寺と同様に小笠原家の菩提寺として古河に創設された円心寺が、寛永十七年に小笠原貞信の高須転封と共に高須に移転したのである。

次に安永六年（一七七七）と推定される三月付の知恩院役者廻状写（前掲一二四頁参照）には、前述の三カ寺の外に行基寺が加わっている。行基寺の場合は触下寺院が一カ寺もなく、交通不便な遠隔地にあったため単独で出されていたのであろう。他国の場合も遠隔地の寺院が単独で触頭を勤めていることがある。これ以降明治初期の触頭解体までこの四カ寺が美濃国の触頭を勤めている。美濃国にはこの外に京都の金戒光明寺の末寺が七カ寺ある。これらは前述の知恩院末寺の四カ寺の触頭から支配をうけることなく、金戒光明寺の触下寺院となっている。

文政十一年（一八二八）六月付の本誓寺直達願書をみると、

当寺儀者、従先年濃州分一派之触頭、本山知恩院ゟ被申付、締方相勤来候処、寛政年中当　御奉行所おゐても、右同様被　仰付難有相勤罷在候、尤触下寺院之儀、御領分ゟ他領之方多分有之候、就而者是迄諸願岐阜御奉行所

添翰を以罷出候処、已来添翰無之出願仕度、此段奉願上候、前顕申上候通、役寺之儀ニ御座候付、諸寺院類例ニ
者相成申間敷与奉存候間、右　御聞済被成下候得者、触下寺院締方ニ付而茂、甚宜御座候間、何卒願之通被　仰
付被下置候ハハ、難有可奉存候、以上、

文政十一年子六月

岐阜　本誓寺(印)

寺社御奉行所

とある。これをみると、本誓寺は最初浄土宗の本山知恩院から美濃の触頭に任命されたが、寛政年間(一七八九〜一八〇〇)には、藩の寺社奉行所からも触頭に任命されており、幕藩体制の強化振りが窺える。

最終的な本誓寺の触下寺院と廻達順は次の如くである。

岐阜　法円寺
加納　欣浄寺
加納　宝樹院
加納　西方寺
加納　山上庵
北方　西運寺
揖斐　長源寺
黒野　西光庵
折立　超勝寺
門屋　長政寺

郡上　洞泉寺
関　　浄性寺
兼山　浄音寺
中津川　大泉寺
落合　高福寺
拾石峠　医王寺
岩村　隆崇院

五　甲斐国の触頭の変遷

1　甲府五カ寺と善光寺

江戸時代の初期に甲斐国の浄土宗寺院の触頭を勤めていたのは教安寺・尊躰寺・来迎寺・誓願寺・瑞泉寺のいわゆる甲府五カ寺である。これらの五カ寺は元禄八年（一六九五）に書き上げられた浄土宗寺院由緒書を見ると、いずれも武田時代から府中に存在した有力寺院であり、多くの末寺を有している。これらの五カ寺が共同して触頭を勤めていたことは次の史料から裏付けられる。

貞享元年（一六八四）五月二十三日付の甲府五カ寺連署書状案（「善光寺記録」[14]所収、以下出典の記されていないものは全て同書である）をみると、

態以飛脚致啓上候、先以其表於御丈室（生誉霊玄）倍御安全可被成御座候、恐悦奉存候、次ニ貴僧中御堅固ニ御勤可被（衍カ）成、珍

重之至奉存候、然者当所善光寺別当大勧進事、施主無御座、企長行之別時、様々求利養申候、左様成義（儀）堅可致停止之旨、三年以前本寺知恩院其御地江御下向之砌、御直ニ被仰渡候、其段国中門中江申渡候、依之此度致詮（議）義、無施主長行之別時無用之由、称（種）々加異見候得共、自在を申、一向承引不仕候故、為方無御座候、爰許惣門中致擯罰候、其之趣別紙差上候、恐々謹言、

（貞享元年）
五月廿三日

（甲府五カ寺）
教安寺　印
尊躰寺　印
来迎寺　印
誓願寺　印
瑞泉寺　印

増上寺御役者中

とある。これは甲府五カ寺が浄土宗の惣録所である増上寺の役者宛に、善光寺が当時禁止されていた無施主の長行の別時念仏を勝手に執行したので、甲斐一国の惣門中から擯罰処分にしたことを報告している書状である。更に同日付の甲斐惣門中宛の甲府五カ寺触状をみると、善光寺が五カ寺に偽って勝手に無施主の長行の別時念仏を執行したので、一宗の門中擯罰処分にしたことを一国の浄土宗寺院に伝達している。これらの動静からみて甲府五カ寺が触頭を勤めていたことが確認される。

この甲府五カ寺の善光寺擯罰処分の申し出に対して、惣録所である増上寺役者は次のような返事を送っている。同年五月晦日付の増上寺役者連署奉書案には、

飛脚幷別紙令披見候、然者善光寺大勧進、於薬師堂ニ無施主企長行、紙袋ヲ配リ就求利養、被遂吟味、門中擯罰

之由、得其意候、然共大勧進申分茂不承候得者、尤申難候、三年以前本山（知恩院）御下向之砌被仰付候故、僉議尤ニ候得共、善光寺義（儀）者不混余寺候得者、　勅可有之事、殊ニ此方江無伺擯出候段、旁難心得候、恐々謹言、

（貞享元年）五月晦日　　　増上寺役者 源光院
徳水院
雲臥
円理

（甲府五カ寺）教安寺
尊躰寺
来迎寺
誓願寺
瑞泉寺

とあり、増上寺役者は甲府五カ寺の申し入れに対して、善光寺側の言分を聞いた上で判断をするとして処分を保留している。同時にそれとは別に甲府五カ寺に対して、善光寺は特別な由緒寺院であるのに、惣録所である増上寺に届け出ることなく、甲府五カ寺が勝手に善光寺を一宗擯罰処分にしたことを糾弾するなど、増上寺役者は明らかに善光寺側を助勢している様子が窺える。甲府五カ寺側は本山知恩院の命をうけて僉議したようであるが、それは無視されている。

そして善光寺側からも甲府五カ寺による擯罰処分を不満として増上寺に訴え出たために、両者による本格的な諍論に発展した。同年六月十三日付の増上寺役者達書案によると、

善光寺之儀ニ付相尋申事候間、二、三ケ寺来廿二日迄ニ参着可有之候、尤相違不可有之候、以上、

（貞享元年）六月十三日　　増上寺役者 源光院

徳水院

雲臥

円理

（甲府）五箇寺

とある。このように甲府五カ寺側の寺院も増上寺に呼び出されている。そして「善光寺記録」の貞享元年六月二十三日の条をみると、

（前略）

善光寺越度ニ落着候ニ茂、何迚此方江不相達擯罰、言語同（道）断と申候処、五箇寺申候者、甲府之儀者、従先規五箇寺支配仕来、此度之儀ゟ茂重キ事、五箇寺之仲間追放候ニも、何方へも不相届、仲間之相談ニ而致来候由、我儘申候事、左様ニ五箇寺仕置被致候者、従　公儀之書付ニ茂有之候歟、亦者本寺御免状茂有之由尋ル也、一向左様之儀者無之、但シ国法之由申候也、

（後略）

とある。増上寺側の譴責に対して、甲府五カ寺側は甲斐の浄土宗寺院の取り扱いは、以前から何処へも相談せず、仲間同士の相談によって仕置きをしてきたと主張している。それに対して増上寺役者側は甲府五カ寺が公儀や本山から仕置きを任された証文があるかと尋ねている。これに対して五カ寺側はそのようなものはないが、五カ寺による支配は昔からの国法であると答えている。現在、甲府五カ寺は全て火災等の災害にあっているため史料が現存していない

ので、明確な裏付けはないが、『甲斐国寺記』所収の史料や、前述した「元禄浄土宗寺院由緒書」の記載内容をみると、甲斐国ではこの甲府五カ寺が由緒・末寺数共に抜きんでており、武田政権時代から指導的役割を果していたものと思われる。そして江戸時代にも城下の新府中に集中して所在しており、地理的にも中心寺院である。前述の善光寺の擯罰処分も知恩院の意向をうけて実施したように思われるが、甲府五カ寺は問題の波及を恐れ、そこまで反論しなかったのであろう。このように甲斐の浄土宗寺院を全て支配下に置いていた甲府五カ寺であるが、貞享元年七月二十一日付の増上寺役者衆達書案をみると、

（前略）

自今以後善光寺義（儀）、当山御支配被成、此旨府中五箇寺江申渡候、各可被得其意候、以上、

貞享元年甲子七月廿一日

増上寺役者
源光院
徳水院
雲　臥
円　理

甲州
惣門中

とあり、善光寺は甲府五カ寺の支配下を離れて、新たに増上寺の直轄寺院に昇格している。善光寺の本寺は総本山知恩院であるが、この時から行政的には増上寺の支配下に入ることになった。これは知恩院に代って増上寺が甲斐を支配下に収めたことを物語る出来事であろう。

このように善光寺が増上寺から特別に保護されることになったのは、詳細は後述するが、信濃善光寺以来の由緒というよりは、甲府善光寺そのものが、当時の将軍である徳川綱吉の兄綱重（法名清揚院殿）の位牌所となったことが大き

な理由である。徳川綱重は甲府宰相として寛文元年（一六六一）に甲府城主となっている。勿論、綱重は桜田殿と呼ばれ、江戸に常駐していたのであり、甲府に下ったわけではないが、「善光寺記録」の延宝六年（一六七八）の綱重の逝去の条には、

同年、(延宝六年) 清揚院様御逝去、右御法事之節、御家中衆拾六人ゟ金壱分宛、御香奠方丈江納ル、二夜三日御念仏法事、油・蠟燭・盛物、方丈ゟ出申候、

御城代御城番・御先手衆・町奉行迄、毎月御命日拝礼、同清揚院様　御尊牌　御本丸より当山江奉納、

とあり、善光寺は領主清揚院殿綱重の位牌所として甲府城代以下の在番衆の尊崇を集めている。更に綱重の跡の甲府城主はその子綱豊（後の六代将軍家宣）であり、このような善光寺と当時の将軍綱吉・甲府宰相綱豊との結び付きを増上寺役者側が充分に配慮したためと思われる。

更に貞享二年八月付の増上寺役者衆奉書案には、

態々以飛札申渡候条々

一、誓願寺追院被仰付候間、住(什)物等寮舎之者請取、火之用心申付、留主居可仕候、且又後住之儀者、此方ニ而可被仰付候間、寮舎・檀方請待に罷越候様ニ可申付事、

一、瑞泉寺・来迎寺・尊躰寺・教安寺閉門被仰付候間、各立合、急度相守候様ニ、寺内僧俗出入仕間敷候、

右五ケ寺甲州一国支配御取上候而、当分各々二箇寺ニ而諸事差引可致候、重而於府中に遂吟味、触頭可被仰付候間、厥内各可相務候、

右之通寺社　御奉行所ゟ被仰渡候、幷裁許状之写壱通差越申候、一国之門中江可被相触候、恐惶謹言、

貞享弐年乙丑八月　　　　　　　　　　　　貞松院(増上寺役者)

源興院
雲　臥
円　理
甲州　善光寺
浄興寺

とあり、甲府五カ寺の内誓願寺は、同年八代の大龍寺と立源寺の本末争いの諍論の際に、五カ寺惣代として増上寺へ偽証文を提出した責任を問われて追院処分となっている。また瑞泉寺・来迎寺・尊躰寺・教安寺の四カ寺は同諍論に際して、勝手な申し出を行い、しかも増上寺へ進達しないで直接奉行所に訴え出た非分の責任を問われて、門中支配を召放して閉門処分となっている。ここでも知恩院の末寺である誓願寺の後住の任命権を増上寺が持っていたことがわかる。

このように甲府五カ寺はこの時の諍論の不手際によって、甲斐一国の浄土宗寺院の支配権を取り上げられ、善光寺と浄興寺が当分の間甲斐の触頭に新たに任命されている。このような触頭の交替は甲府五カ寺側に不手際があったことは事実であろうが、それとは別にこのころになると増上寺が江戸幕府の寺社行政を背景として、従来の伝統的な教団運営に対抗して自己の息のかかった新興有力寺院を登用することによって、幕府の寺社行政の円滑化を図ったことによるものであろう。

2　善光寺と浄興寺

甲府五カ寺側に全く史料が残っていないので、この時にどのように反論したかは明確でないが、前述の如く「善光寺記録」によると、貞享二年八月以降、増上寺役者から新規に善光寺と浄興寺が甲斐の触頭に任命されている。このことは「善光寺記録」だけでは一方の言分であり断定することは困難であるが、元禄二年（一六八九）三月朔日付の知恩院役者衆書状案（『知恩院史料集』一所収）には、

本山御丈室継目為御礼、江戸参勤被遊候ハヽ、於江府甲州御門中以惣代御礼可被申上候処、御参府於江戸不定之由被及聞、此度惣代浄興寺上京、為御祝儀白銀十枚被指上、遂披露候処、遠境入念之至御感悦不浅候、則惣代被召出、御十念被致拝、首尾能帰国候条、委曲可為演説候、恐惶謹言、

（元禄二年）三月朔日

――
――
――
――
――

新善光寺

惣御門中

尚々、此度為御祝儀、御丈室ゟ御門中へ金中啓被遣候、則浄興寺へ相渡申候、

とあり、これをみると浄興寺が甲州の惣代として知恩院新住職の継目の祝儀に白銀十枚をもって上京している。そしてこの礼状が新善光寺（甲府善光寺）宛に出されている。このように本山の継目の祝儀献上役をこの二カ寺が勤めている。更に元禄八年十一月朔日付の小明見の万年寺所蔵の同寺由緒書上をみると、

御尋書付上候条々

一、知恩院末、甲州都留郡小明見村、三宝山此経住院万年寺、開基天正十八庚寅年ニ而御座候、
一、寺起立之由緒知不申候、
一、開山者念蓮社専誉上人願故与申候、
一、姓者不祥(詳)候、并氏之儀者羽田義次三郎氏ニ而御座候、
一、生所、同所之人ニ而御座候、
一、剃髪之師者、駿州列卒村清巌寺一代之弟子ニ而御座候、
一、学問之檀林者鎌倉光明寺、并附法之師同檀林之由ニ御座候、
一、移住、何方江茂無御座候、
一、遷化、慶長十八癸丑年三月廿六日ニ而御座候、行年知レ不申候、
一、開山一代之由緒無御座候、
一、寺開基以来、天正十八庚寅年ゟ元禄八乙亥年迄、一百六年ニ而御座候、
右者今度御尋付、書上候趣如斯御座候、

元禄八乙亥年十一月朔日　　郡内小明見村万年寺七代　霊誉

甲府善光寺
同所浄興寺御披露

とあり、万年寺は由緒書上を善光寺と浄興寺宛に提出している。この時に作成された増上寺に現在保管されている甲斐の寺院由緒書をみても、この両寺が最後に記載されている。元禄八年の「浄土宗寺院由緒書」の作成に各地の触頭

が関与していたことはすでに実証されている⒂。このように「善光寺記録」以外の客観的な史料でも傍証がとれるので、この当時両寺が甲斐の触頭を勤めていたことは認めてよいと思われる。

善光寺の由緒については一部前述したが、甲府善光寺は武田信玄が信濃善光寺を甲府に勧請したものであり、棟札をみると、永禄七年(一五六四)に金堂の上棟式が行われている。しかし永禄十一年十一月十日付の善光寺所蔵の武田信玄朱印状をみると、

善光寺金堂材木不足之所、於于八幡之天神宮可剪之趣、厳重之　御下知候者也、仍如件、

(永禄十一年)戊辰十一月十日　(龍朱印)　跡部大炊助奉之

大本願御房

とあり、このころも金堂の材木が集められているので、金堂の完成は後になるのであろう。いずれにしても武田信玄の力によって善光寺が甲府に移されたことがわかる。更に天正十一年(一五八二)四月十九日付の徳川家康朱印状写(善光寺文書)によると、

甲斐国善光寺領松本内拾弐貫文、穴山内七貫五百文、国衙内五貫五百文等事、

右本寺領、不可有相違之状、如件、

天正十一年四月十九日　御朱印

善光寺

とあり、天正十年に甲斐に入国した徳川家康は翌年に善光寺に寺領を寄進している。このころに甲府の寺社の多くが家康から朱印状をもらっており、実際は家康が新領主として善光寺の旧領を安堵したものと思われる。そして慶長二

年（一五九七）六月十五日付の豊臣秀吉朱印状（善光寺文書）をみると、

善光寺如来之儀、御霊夢之子細在之而、大仏殿江遷座事被仰出候、然者従甲斐国大仏殿迄路次中、人足五百人、
伝馬弐百三十六疋宛、可申付次第事、
一、甲州ゟ駿河堺迄　浅野弾正少弼（長政）
（中略）
一、大津ゟ大仏殿迄　大津宰相（京極高次）
以上
右之通、浅野弾正少弼一左右次第、日限を極相待、人足・伝馬不相滞様ニ申付、可送届候也、
慶長弐年六月十五日（朱印）

とあり、豊臣秀吉は甲斐領主浅野長政に甲府善光寺の御本尊である善光寺如来を京都大仏殿方広寺に遷すように命じている。そのため路次中の守護・人足・伝馬をことこまかに申し付けている。なお、これより先、善光寺如来は天正十年に織田信長が岐阜へ、ついで織田信雄が尾張甚目寺へ、更に徳川家康が浜松鴨江寺へ、そして再び甲府善光寺へ移っていたのが、豊臣秀吉の命で京都方広寺へ遷座後、慶長三年八月には信濃善光寺に戻された。

慶長七年極月二日付の徳川家康奉行衆連署証文（善光寺文書）には、

善光寺新仏灯明并仏供等、如前々以御寺領内、無懈怠可相勤者也、
慶長七年寅極月二日
桜井（信忠）（印）
石（石原昌明）　四郎右（印）
小田（小田切茂富）　大（印）

善光寺役者衆

跡（跡部昌忠）九郎右（印）

御仏供所　浄桂

油　常慶

とあり、甲府善光寺は善光寺如来遷座後も徳川家康から従来通り保護されていることがわかる。このように善光寺は武田時代から江戸時代初期にかけて甲府の有力寺院であったことがわかる。

一方、浄興寺は元禄の「浄土宗寺院由緒書」によると、武田信虎の時代に古府中城内に建立された寺であり、天正十年徳川家康入国後に現在の土地を拝領した寺であると記されている。慶長元年十二月朔日付の浅野長政判物写（『甲斐国寺記』所収）には、

古府之内

当寺屋敷方年貢三石六斗之事令免許者也、仍如件、

慶長元年十二月朔日　弾正少弼　長政　書判

浄興寺

とある。浅野長政からも古府中で寺・屋敷を安堵されている。更に慶長八年三月朔日には本寺浄興寺だけでなく、末寺の宗現庵・欲生寺・正念寺・清浄院の五カ寺が揃って、徳川家康奉行衆連署証文をもって寺領を安堵されている。これは甲府浄土宗寺院の中で特異な事例であり、浄興寺が早くから有力寺院であったことがうかがわれる。ただ寺地が古府中であったので、江戸時代には新府中が行政の中心となったために一時期甲府五カ寺に取り残されていたのであろう。どちらかといえば善光寺は江戸時代中期以降再発展したと思われるのに対して、浄興寺は甲府五カ寺等と同

様に甲府の伝統的な有力寺院と見做すことができるであろう。

宝永六年（一七〇九）三月十四日付の増上寺湛誉門周の金襴袈裟許状（善光寺文書）には、

聴着金襴袈裟之許状

金襴之為僧服也、其伝来既尚矣、往昔世尊於霊山会上、以之伝之於摩訶迦葉、惟其権輿乎、斯乃所以慄幟、挑宗灯、継法脈之心印者也、茲以後世釈氏亦非諸山僧録・一宗棟梁者、不能受用焉、粤我蓮門軌則従古被服之者、只檀林能化賜紫高僧而已也、於自余寺院得其許容者甚少矣、然甲陽善光寺者、信州善光寺生身如来四十年余臨化之霊場、而苑林堂宇尤国中之大伽藍、非臘長徳高之僧侶者、難住持于此矣、況先年依甲陽軍鑑弐条之趣、為当寺支配、而一国一寺格外之蓮社也、且亦奉安置　清揚院殿（徳川綱重）御位牌、御当家之由緒不可混余寺、其住職之寺務最重矣、因茲任第四十四世現住称誉万冏懇望、即令聴着金襴道衣者也、雖然唯於甲陽一国許可服用焉、於他国之服着制之畢、仍許状如件、

宝永六己丑三月幾望（十四日）

増上寺第三十五世
大僧正湛誉（花押）

善光寺称誉万冏上人

とある。これをみると本来檀林能化や賜紫衣の高僧だけに許可されていた金襴袈裟の着用を善光寺は増上寺から特別に許されている。これ以降善光寺は増上寺から代々金襴袈裟の着用を許されることになるが、宝永六年三月が最初である。これは甲府城主清揚院綱重の子供であり、甲府中納言綱豊（将軍家宣）が、将軍綱吉の後嗣として将軍宣下されるのが同年五月であり、更に清揚院の御廟所が伝通院から増上寺に改葬されるのが同年九月である。おそらくこのような状況の中で、増上寺側が善光寺と清揚院の結び付きを考慮して、善光寺を特別に厚遇したのであろう。

3　善光寺の単独触頭

寛保二年（一七四二）十一月付の善光寺触頭補任状（善光寺文書）をみると、

定

一、其寺之事、依為各別之寺格、甲州一国触頭職向後壱ケ寺ニ被仰付候、然上権威ケ間敷義（儀）者勿論、若触下之寺院不宜事可相改品茂有之候者、当山江相伺可被取計候事、

一、支配之寺院・又末ニ至迄、其国御役所江諸願等触頭奥印致来候由、此義（儀）可為前来之通候事、

一、其寺壱ケ寺触頭候間、門末出入者不及申、知恩院御代替之祝金、其外惣御門中江懸合候出金等之節者、府中五ケ寺并浄興寺相加之、可被遂対談候、依之右六ケ寺者、毎度別回章可被差出候事、

一、五箇寺并浄興寺者、於当山住持被仰付候故、別段之事ニ候、向後在御門中住持替之節者、可為別紙覚書之通事、

右之条々、後代異変為令無之、仍連署如件、

寛保二壬戌年十一月

増上寺尊誉大僧正代役者

清光院　然教（花押）

天陽院　普談（花押）

念　潮　晃誉（花押）

了　硯　礼誉（花押）

甲州善光寺

とある。これをみると善光寺は増上寺役者から甲斐の触頭を単独で勤めるように任命されている。ここに至る経緯として「善光寺記録」の同年の条をみると、甲府五カ寺の一つである瑞泉寺末の道心者見了の三衣脱却問題で、見了と両触頭である善光寺・浄興寺との対立が生じた。その際に両触頭が増上寺にことわりなしに見了を処分したため、両触頭は増上寺役者から退役を申し付けられた。そして一度退役したはずの善光寺が増上寺尊誉了般大僧正の特別の思召しによって、今度は単独で触頭に任命されている。そして浄興寺は甲府五カ寺と同様に触頭善光寺の相談役格に降格されている。全く同じ事件に連座した両触頭の取り扱いが大きく異なっている。この後、浄興寺を加えた甲府六ケ寺は善光寺の非法を訴えて、自分達の触頭復帰を増上寺に願い出ている。例えば宝暦十一年（一七六一）六月の諍論では、

一、今般御願申候者、如往古甲府六箇寺江触頭被　仰付候歟、又者六ケ寺年番ニ被仰付候者、不依何事各寺遂対談、猥ケ間鋪筋無之様ニ等、

答、愚寺触頭相勤候事、遠者八拾年来、近廿年以前寛保二戌年取計事ニ越度有之、善光寺・浄興寺役儀被召上、併善光寺者　大僧正様以格別之尊慮、向後甲府一国之触頭善光寺壱ケ寺江被　仰付、其節御役所御連印ニ両通被下置、其文言ニ可為永式者也と有之候所、廿ケ年以来可及退役ニ程之越度も無之候所、当職を為致退役、六カ寺触頭相勤度之願者、誠以眼前之御定書ニ相背候と聞へ候、其上七十七年以前貞享二丑年迄五カ寺触頭相勤、越度之事仕出し、四カ寺閉門、誓願寺追放被　仰付候以後、毎度触頭相務度旨願出候得共、不被仰付候所ニ、今般愚寺退役可被仰付程之越度覚無之所ニ、右六ケ寺之願不得其意奉存候、

とあり、善光寺側の言分が甲斐の触頭寺院の変遷をもっとも端的に現している。甲斐の触頭の諍論は寛保二年十一月

に増上寺役者から出された善光寺の触頭補任状がきめ手となり、以後は善光寺が単独で触頭を勤めることになるのである。

まとめ

このような甲斐の触頭寺院の変遷をみてくると、初期には甲府五カ寺と呼ばれる在地の伝統的な有力寺院がその任にあたっているが、次第に幕藩体制の強化により、一国一触頭の行政主導型の触頭として善光寺が設置されてくる。善光寺が触頭に選ばれたのは、善光寺自体の由緒というよりは藩主の菩提寺であったことが大きな理由であろう。このことは寺社行政がかつての本末制度を中心とした教団主体の自治的な教団運営から、幕藩主体の封建的な支配組織に完全に組み込まれたことを物語るものであろう。

六 信濃国の触頭制度について

――知恩院・増上寺の両触を中心に――

まず浄土宗の触頭の全国組織、特に諸国の分布状態について整理しておきたい。

表8の浄土宗触頭諸国一覧表は、増上寺に所蔵されている文政十一年(一八二八)に編纂された「諸檀林幷拾七箇国触頭寺院連名帳」と、編纂年次は明確でないが、内容から見て江戸後期のものと思われる知恩院分の触頭台帳「末山触頭牒」を基本として作成したものである。この表8は知恩院と増上寺分の触頭だけであり、知恩寺・金戒光明寺・浄華院の各本山分は記されていない。しかし元禄九年(一六九六)に各本山から提出された「寺院由緒書」の奥書をみると、各本山の役者が直接諸国の門末寺院を管轄しており、各本山の直触であり、諸国に触頭寺院は存在しなかったよ

表8　浄土宗触頭諸国一覧表

国名＼寺院数	江戸期増上寺末触頭寺数	江戸期知恩院末触頭寺数
（五畿内）		
山城		25
大和		4
河内		2
和泉		8
摂津		10
（東海道）		
伊賀		1
伊勢		11
志摩		1
尾張		1
三河	4	4
遠江	2	1
駿河	1	1
甲斐	1	
伊豆	1	1
相模	6	
武蔵	17	2
安房	2	
上総	2	
下総	9	
常陸	2	
（東山道）		
近江		12
美濃		4
飛驒		1
信濃	9	9
上野	3	
下野	2	
陸奥	11	
出羽	5	
（南海道）		
紀伊		1
淡路		1
阿波		1
讃岐		1
伊予		6
土佐		1
（北陸道）		
若狭		1
越前		1
加賀		1
能登		1
越中		2
越後	3	12
佐渡		1
（山陽道）		
播磨		3
美作		1
備前		1
備中		1
備後		5
安芸		1
周防		2
長門		1
（山陰道）		
丹波		6
丹後		1
但馬		3
因幡		1
伯耆		なし
出雲		1
石見		1
隠岐		2
（西海道）		
豊前		1
豊後		2
筑前		1
筑後		1
肥前		7
肥後		なし
日向		4
大隅		2
薩摩		1
壱岐		
対馬		1
（その他）		
金戒光明寺		
浄華院		
知恩寺		
一心院		
檀林（関東地方と重複）		
合計	80	178

うである。

この表8に明らかなように、浄土宗の触頭寺院は地域によって知恩院末と増上寺末に二大区分されている。即ち尾張・美濃・飛驒・越後を境界として、西国は知恩院、東国は増上寺の管轄であった。越後の場合、増上寺末三カ寺は知恩院末にも含まれている。信濃は両方に記載があるが、触頭寺院の記載がほぼ重複している。越後・信濃の両国は知恩院と増上寺の両触であったことがうかがえる。

寛政元年（一七八九）二月に増上寺の役者から当時の幕府の寺社奉行松平紀伊守信道に提出した報告書によると、

一、御当山（増上寺）支配国者何国々ニ而候哉、右之外者知恩院支配ニ候哉、但、一国毎ニ触頭等も有之候哉之旨ニ御座候、此段関八州・陸奥国・出羽・越後・信濃・甲斐・伊豆・駿河・遠江・三河、此拾七ケ国之寺院者御当山之支配ニ御座候、但、此内越後・信濃・伊豆・駿河・遠江・三河六ケ国之寺院者、知恩院ゟ触出候事も有之、就中越後・信濃両国之寺院共、知恩院・御当山之両触ニ御座候、右之外四拾九ケ国之寺院者知恩院幷浄華院・金戒光明寺・知恩寺、又西山流粟生光明寺・京都円福寺・禅林寺・誓願寺等之支配ニ御座候、乍然御用向幷法義之品ニより、右国々之寺院江御当山ゟ直達之事も有之候、且一国毎に多分者触頭等有之、関八州・奥羽両国之寺院者、檀林所ニ而触頭相兼候、又遠近共御当山ゟ別触之寺院も有之、又触頭ニ者無之候得共、触口ト相究候も有之、又国所ニより知恩院より究置候触頭ニ者無之候得共、前来御当山より申渡置候触頭寺も御座候、

とある。これをみると原則として増上寺管轄地域は関東を中心に十七カ国である。この中で越後・信濃・伊豆・駿河・遠江・三河の六カ国は知恩院の触頭も存在し、越後・信濃の両国は知恩院と増上寺の両触であるといっている。この外の四十九カ国は知恩院とその他の各本山の管轄地域である。更に各国には触頭が存在して、各本山の命令を触下寺院に伝達している。また各国の由緒寺院や遠隔地寺院は触頭の触下から独立して、本山から直接触れが伝達される別触寺院や触口寺院も存在した。別触や触口は触頭より一格下位の寺院である。この外に増上寺単独で触頭を任命している国もあると記されている。

この記録によっても信濃国が増上寺と知恩院の両触であったことが裏付けられる。

そこでここでは信濃国の両触の実体について検討してみたい。

信濃国の触頭寺院は次表の如くである。

表9　信濃国触頭一覧表

住　所	知恩院分	増上寺分	備　　考	本　寺
松　代	願行寺 大英寺	願行寺 大英寺	真田家菩提寺 真田家菩提寺	知恩院 知恩院
小　諸	光岳寺	光岳寺	元禄由緒書なし	知恩院
飯　田	来迎寺 峯高寺 柏心寺 西教寺	来迎寺 峯高寺 柏心寺 西教寺	脇坂家菩提寺 小笠家菩提寺	知恩院 知恩院 知恩院 知恩院
飯　山	忠恩寺	忠恩寺	松平家菩提寺	知恩院
松　本	浄林寺 生安寺	玄向寺	小笠原家菩提寺 良忠由緒寺院	知恩院 知恩院
諏　訪	貞松院	貞松院	松平忠輝由緒寺院	知恩院
高　遠	満光寺	満光寺	元禄由緒書なし	知恩院
駒　場	浄久寺	浄久寺	宮崎家菩提寺	知恩院
上　田	芳泉寺	芳泉寺 願行寺 呈蓮寺	仙石家菩提寺 真田家菩提寺	知恩院 知恩院 知恩院

注　玄向寺の本寺は増上寺

この表9をみて明らかな如く、松本と上田で多少相違があるが、ほとんど同じ寺院が知恩院分の触頭と増上寺分の触頭を兼務している。このように両本山の触頭が重複しているのが両触の特色である。

そこで信濃国の両触の実体について考えてみたい。

知恩院日鑑の宝永二年(一七〇五)の書翰の部の二六には、

去二月之芳札、今月朔日来着、令披見候、旧冬従増上寺其許へ、寺領・本堂間数・庫裏間数・寺内坪数・末寺・寮舎、本寺付、随分致吟味差出候様ニと申来候付、貴寺触下之寺院吟味之上、書付被差出候中、肴町西念寺義、古跡ニて、本山御末寺ニ申伝候ニ付、前々御末寺ト被書上候処、先年御朱印頂戴之節、増上寺末寺ト、長明寺義ニ付、申来候由、就夫、此度増上寺末寺ト書付被差出之段、書面之趣得其意候、前々西念寺・長明寺二ケ寺共ニ、当山末寺為無紛、其寺々之住持幷旦那印形を相加、猶又各ゟも奥書被致、加印形、被差上候証文帳、当山御蔵ニ納有之候間、此度写差遣候、然所長明寺ハ由緒改之節、増上寺末寺ト書出、西念寺ハ此度増上寺末寺ト書出シ候義、言語道断、御条目違背之義候、依之前々之

御条目共、別紙ニ写差遣候、乍去、西念寺之義、前々之帳面ニハ埴科郡松城西念寺ト有之候、此度之書面ニハ肴町西念寺ト被仰越候、松城西念寺ト肴町西念寺ハ同寺ニて候哉、別寺ニて候哉、若同寺ニ而候ハヽ、不届之至、可為越度候、

一、此度之書面ニ、貴寺触下之当山末寺之諸寺院、増上寺末寺支配之様ニ而、何も迷惑被存候段、是又得其意候、前々従公儀被仰出候御条目、従当山之条目、分明之上ハ、旧来無紛本寺を差置、今更余寺末寺支配ニハ罷成間鋪候、右御条目之写被致拝覧、可被得其意候、右之趣被遂吟味、重而一左右可有之候、恐々謹言、

三月廿八日　(知恩院役者)三　役　印

松城　　　　　　　　　　六　役　印

大英寺

とある。これは知恩院役者衆が松代の触頭大英寺に対して、増上寺が実施した寺院改めの調査の際に、西念寺と長明寺の知恩院末寺を増上寺末寺と書き上げたことに抗議している書状である。これは他の国では考えられず両触の弊害である。

両触がもっとも典型的なのは駒場の浄久寺である。浄久寺所蔵の享保七年(一七二二)と推定される七月二十三日付の知恩院役者衆達書写には、

其寺之儀、前々ゟ(飯田四ケ寺)来迎寺・峯高寺・柏心寺・西教寺、四ケ寺触下紛無之候、然処　御朱印且御由緒之筋ニて、右四ケ寺触下之儀、任願新ニ御除被下、別廻章ニ被仰付者也、

七月廿三日　(知恩院)惣本山役者

信州駒場　　　　天性寺　印

浄久寺　常林寺　印

とある。これをみると駒場浄久寺は、これまで飯田の触頭四ケ寺の触下寺院であったが、同地方唯一の朱印寺であること、更に宮崎家の菩提寺である由緒により、この時に知恩院の別触寺院に昇格していることがわかる。

同じく浄久寺所蔵の宝暦十一年（一七六二）十一月付の増上寺役者衆の定によると、

定

信州伊那郡駒場村浄久寺者、於郡中一ケ寺依為　御朱印寺、従中古惣廻状除之、公儀御触事等別段達之候処、近来及中絶、諸事御触事不達之、別而寺社御奉行所ゟ被仰渡候事不行届候条、自今御触事、任先例別状を以可達之候、尤享保元申年被仰出候趣茂有之に付、住持替之節者其身相勤候檀林并誉号・因名等書記、以書中継目御礼可申上候、右之趣、向来為令無異変連署如件、

宝暦十一巳年十一月

増上寺四十六世妙誉大僧正御代役者

良源院（花押）

観智院（花押）

祐　月（花押）

密　厳（花押）

信州伊那郡駒場村

浄久寺

とある。これをみると浄久寺は宝暦十一年十一月に知恩院と同様の理由により増上寺からも別触寺院に任命されてい

る。しかも増上寺の場合はすでに享保元年（一七一六）に浄久寺を別触寺院に任命していたようである。このように浄久寺は享保年間に知恩院と増上寺から別触寺院にそれぞれ任命されている。これは本来伊那郡の浄土宗寺院は飯田四カ寺の触下に属していたが、遠隔地であったために次第に廻達されなくなり、廻達の徹底化を計るために伊那郡の由緒寺院である浄久寺が別触寺院に任命されたのであろう。

しかし本来知恩院と増上寺の触は同様のものである。浄土宗の触の伝達経路は、江戸幕府の寺社奉行から出された触が、まず一宗の惣触頭である増上寺の役者に伝達される。増上寺の役者は前述の書上の如く、関東十七カ国は自づから触を伝達し、西国筋四十九カ国は知恩院の役者経由で触が諸国に伝達される。そのため信濃では知恩院と増上寺の両方から同様の触が伝達されたはずである。

信濃ではなぜこのような変則的な触頭制度になったのであろうか。信濃は越後と共に知恩院と増上寺の管轄地域の分岐点にある。しかも共に山間の遠隔地である。

知恩院日鑑所収の元禄二年（一六八九）十月十三日付の飯田の触頭西教寺・柏心寺・峯高寺連署の口上書案には、

乍恐以書付申上候事

一、信州下伊那郡浄土一宗、先年者飯田三ケ寺江従御本山諸事之儀被仰付候処、六十（七カ）余年以前、前脇坂淡路守（安元）殿伊予国ゟ当地江所替被成、為菩提所新ニ来迎寺ヲ建立被成、其後御本寺ニ被成、三ケ寺並ニ諸事被仰付候事、

一、今度従公儀鉄砲御改付、御書出幷御状等ニ来迎寺惣門中と被成被下候処、先規ニ致相違、来迎寺計之寺号御座候故、来迎寺余寺ニ無相談、三ケ寺ヲ除、一ケ寺江被仰付候と申、門中ヲ一人ニ而支配仕、色々我儘成儀共御座候得共、此度者大切之御詮儀故、先其分ニ而閣中候事、

一、十八年（寛文十二年）以前、当守護堀故美作守（親昌）殿入部之節、領分之諸寺ゟ由緒書指出候剋、来迎寺儀、御本山ヲ掠、門中ヲ

蔑ニ仕、御本山ゟ下伊那浄土僧録被仰付候と書上ケ仕候段、此度致露顕候事、
一、九十年（慶長六年）以前、小笠原兵部大輔（秀政）殿当地守護之節、菩提所ヲ慶林寺と申候、彼住持権威ヲ振廻、増上寺ゟ僧録之許状頂戴仕候と偽リ申、致我儘候故、西教寺・柏心寺ゟ増上寺江右之通訴被申候ヘ者、御聞届被遊、慶林寺依偽申罪科ニ、両寺并兵部大輔殿江国師源誉（存応）上人ゟ追放仕候ヘとの御書被下候処、彼僧早速追放仕候、ケ様之等類御座候へは、自然脇ゟ致露顕候者、門中可為越度と奉存、御訴申候事、
一、脇坂淡路守（安元）殿御子息中務少輔（安政）殿、十八年（寛文十二年）以前、播州江所替ニ付而、位牌・墓等御引、住持迄彼地江被召連候、然者来迎寺儀、唯今者無縁堂同前之寺ニ而御座候、ケ様之寺ニ僧録、又は触頭抔と申させ置候得者、一宗不詮儀之様ニ他宗勿論、諸旦那共迄存候処、迷惑ニ奉存候事、
右之条々、御不審之儀も御座候ハハ、委細峯高寺ニ御尋被成、仰願者、先規之通被仰付被下候ハハ、難有可奉存候、以上、

元禄二巳年十月十三日

西教寺来誉　判
柏心寺詮誉　判
峯高寺称誉　判

（知恩院）御本山
御役者中

とある。これは飯田触頭三カ寺が仲間の来迎寺の我儘を知恩院に訴えているものであるが、第四条をみると、慶長六年（一六〇一）に小笠原家の菩提寺慶林寺の我儘を、西教寺と柏心寺が増上寺に訴えていることがわかる。これは江戸幕府成立以前の出来事であり検討を要する部分もあるが、増上寺と交流をもっていたことを予測せしめる。

知恩院日鑑の元禄二年（一六八九）の書翰の部所収の九月六日付の知恩院役者衆書状案には、

今度鉄砲御改之儀、依被仰出候、申遣候処、其地御末寺吟味之上、手形判形相調、以飛脚帳面被差越、慥令受納候、且又御祝儀金子弐百疋被差上候、遂披露候処、役者中ゟ相心得可申入之御事御座候、恐惶謹言、

（元禄二年）九月六日　――

信州上田　――

芳泉寺　――

惣御門中　――

尚々、役者中へも銀壱包致受納候、

とある。これは知恩院役者衆が、上田の芳泉寺から鉄砲改めの吟味帳面と御祝儀を受取ったことの礼状である。この時同様の礼状が松本の春了寺、小諸の光岳寺、飯田の来迎寺、松代の大英寺にも出されている。

知恩院日鑑の元禄六年（一六九三）の書翰の部所収の五月二十三日付の知恩院役者衆書状案には、

其地御門中為惣代、長念寺上京、各連判之口上書致披見候、就夫塩川恵光院、依召状罷登、遂詮議候処其誤令露顕、依之脱却三衣、上田領・小諸領追放被仰付候、其趣別紙遣候、各拝見可有之候、且又塩川恵光院儀者、石川美作守（乗政カ）殿御領分之由、致承知、則為届、寺社奉行両三人へ以書状申達候、若別紙之書付見可被申候ハヽ、可被入披見候、且又恵光院召連候弟子順貞・洞天両人共、上田領・小諸領両所追放被仰付、其趣申渡候、恵光院致留守□罷有候弟子遍西、是も右両人同事、上田領・小諸領追放被仰付候、各急度御申渡尤存候、其外之儀者、惣代上京候長念寺へ口上申含候条、委曲可為演説候、恐惶謹言、

五月廿三日　――

信州小諸　　常称院
　光岳寺　　保徳院
　　惣御門中　　徳林院

とある。知恩院の役者衆は、信州塩川恵光院の三衣を脱却し、弟子達と共に上田領・小諸領からの追放を、小諸の触頭である光岳寺に伝達している。

これらの一連の動きをみると、当時信濃国は実質的には知恩院の管轄下にあったようである。

増上寺所蔵の『規約類聚』一所収の元禄十年（一六九七）四月八日付の大村玄向寺法度案には、

信州筑摩郡大村
　玄向寺条々

一、玄向寺事、従来雖為春了寺（松本）末寺、今度大守（太）水野隼人正（忠直）殿依御願而、春了寺卓元合体之上、証文幷玄向寺境内・山林・田畠之指図被指出之、相定当山末寺畢、依之為支証、大僧正（貞誉了也）附与御名号被成置之間、永代不可有紛失事、

一、雖為右之通、支配者従春了寺可被致之、住持替其外諸事指引少茂不可相背事、

一、自然、大守（太）所替等雖有之、春了寺於被残留者勿論、可為右之定之通、於為随従者後々其地生安寺（松本）・浄林寺（松本）之触下ニ罷成、住持替ニ者両寺之添状ニ而、当山江住持請待ニ可参事、

右之通、永々訖度可相心得者也

元禄十丁丑年四月八日　　増上寺役者
　　天陽院　印

月光院　印
吟　達　印
秀　円　印

信州松本
　春了寺

とある。これをみると、増上寺役者衆は大村の玄向寺を松本の春了寺の末寺から、藩主水野隼人正忠直の要請によって、増上寺の末寺に変更している。支配は従来通り春了寺、触れは松本の触頭生安寺と浄林寺の触下となっている。玄向寺は後に増上寺の松本の触頭となっているが、前述の浄久寺と同じように遠隔の藩主菩提寺であったので単独の別触寺院であったものと思われる。

同じく『規約類聚』四所収の享保十八年（一七三三）八月付の増上寺役者衆諏訪貞松院定書案には、

覚

知恩院末信州諏訪貞松院者、往古依為領主諏訪因幡守殿（頼水）内寺、代々之住持於領主被申付候、然処、天和三癸亥年、寂林院様（松平忠輝）御菩提寺ニ罷成、依之宝永三年御仏供料三拾石　御朱印御寄附之御事、貞松院者、従当山　公儀御触事等、国々触頭同様ニ相達之候、尤住持替之儀者、先年之通今以於因幡守殿被申付候儀、唯今迄一向届茂無之候得共、触頭等相請候上者、向後新住職之節、当山江可相届候、礼式之儀者今般定候通、後々之住持茂可被相務候、但、遠境之事ニ候間、不及直参、以便書執頭（当）迄可被相達候、且当山御代替之節、御礼不及相勤候、為後規如件、

享保十八癸巳（丑）年八月

　増上寺四十世大僧正衍誉（利天）代役者

良雄院　印
月界院　印
説　冏　印
義　潭　印

諏訪
　貞松院

とある。これをみると、増上寺役者衆は諏訪の貞松院を藩主諏訪頼水の内寺で、松平忠輝の菩提寺であるので触頭同様に増上寺の直触寺院にするといっている。そして住職交替は藩主だけでなく増上寺へも届出るように伝達されている。結果的には貞松院はこの時に単独で直触寺院に昇格したのであろう。これも増上寺が信濃寺院の両触に関与した事例である。

同じく『規約類聚』ニ所収の増上寺役者衆から上田の触頭衆に宛てた寛政五年（一七九三）八月付の定書案には、

定

一、其地御門中触頭之儀ニ付、天明三卯年十一月相渡候定書之中、本山(知恩院)触書到着之節、三箇寺立合開封可有之旨相違候、此儀差問有之候付、向後本山触書芳泉寺壱箇寺宛ニ而到着之節、立合無之開封之上、外弐ケ寺呼寄、為致披見、御門中回達者、芳泉寺并其年番壱箇寺書加可被相触候、尤芳泉寺年番之節茂、為助役両寺之内壱ケ寺書加、順達可有之候、

一、門中交代之節、綸脈・名前等相糺候儀者、本山御掟書之通相違無之様、芳泉寺ニ而相糺、其旨書面を以本山江可相届事、

前文弐箇条之外者、去ル卯年相渡置候定書之通相心得、間違無之様、猶亦今般御両山(知恩院・増上寺)往復之上、相違候間、其旨急度可相守者也、

寛政五丑年八月

増上寺五十三世嶺誉（智堂）大僧正代役者

常行院　印

観智院　印

宣　契　印

寛　霊　印

信州上田

芳泉寺

願行寺

呈蓮寺

とある。これをみると、増上寺役者衆は上田触頭衆の争論を裁許して定書を制定している。この定書を制定するために「御両山往復之上」とあり、知恩院と増上寺が相談していることがわかる。これも信濃が両触であったことを示している。

しかし増上寺が信濃の触頭の仕事に関っているのは特殊な事例であり、一般的な触れは知恩院から回達されていたようである。

七　触頭制度の改廃について
――特に明治維新期を中心に――

浄土宗の触頭制度は、江戸の中央の僧録所は増上寺の役者が勤めている。更に地方の国毎にいくつかの触頭寺院が存在した。江戸幕府の寺社奉行から出された命令は増上寺の役者に伝達され、更に増上寺の役者から地方の触頭寺院に伝達され、触頭から一般の触下寺院に伝達された。また地方の触頭は単に本山・本寺からの命令を申達するだけでなく、本章四の美濃国の触頭制度で述べたように、諸藩の行政機構の一翼を荷なっており、大名と密接に結びついているものが多い。そのため幕藩体制が一変した明治新政府下では、これらの触頭寺院の立場が激しく動揺している。

増上寺は元来将軍徳川家の菩提寺であったが、早い時期から明治新政府に恭順の意を示したためか、従来からの山内の役者による触頭機構に変化はなかった。

一方、結果的に新政府と対立した寛永寺の場合をみると、『喜多院日鑑』九十六の明治元年(一八六八)九月十日の触頭世尊院の回章の条に所収されている八月九日付の達二通をみると、

(山王)
観理院

右病気ニ付、願之通天台宗触頭幷取締向御免被　仰付之、

八月九日

(千駄木)
世尊院

右当分之内天台宗触頭幷取締向之儀被　仰付之、

八月九日

とある。これをみると、明治新政府は名目上は病気となっているが、寛永寺の執当として触頭を勤めていた観理院を罷免して、新規に寛永寺の外の千駄木世尊院を触頭に任命している。後述する新義真言宗の場合も触頭は従来通りであり、天台宗の場合は罰則的な意図があったものと思われる。

新義真言宗の場合は、『智積院史』（村山正栄著）によると、明治元年十二月四日に智積院役者光照院と豊山小池坊役者代如意輪院は連署して、左の「支配届書」を京都府役所に提出している。

奉願口上書

東京愛宕前　真福寺
同所　円福寺
同本所　弥勒寺
同湯島　根生院

右四箇院儀は、新義真言宗一派役寺に御座候而触頭相勤、従寺社　御奉行被仰渡候儀を悉皆配下寺院へ触達に及、且法儀定掟に関係致し候事件、四箇院分国にて支配致来候処、御一新の折柄四箇院より東京　鎮将府へ奉伺候処、駿河以東十三ケ国の分先格の通相心得触頭役可相勤旨被仰渡候、就ては十三ケ国外の寺院触頭の儀は、当分の内智豊両本山にて相勤候間、此段御届奉申上候、以上、

洛　東　智積院役者　光照院　印
和州豊山小池坊役者代如意輪院　印

京都府
御役所

(月番記)

新義真言宗の触頭江戸四箇寺は、江戸幕府から任命された触頭の進退について新政府に伺書を提出して、新政府から領国は少なくなっているが、従来通り触頭を認められている。

ところが、智積院日鑑の明治四年(一八七一)十一月の条をみると、

以愚札啓上仕候、厳寒之節御座候処、御安全被成御勤役珍重奉賀候、然八十一月廿九日真福寺・根生院・弥勒寺東京府え被召出、今般依御主意触頭職廃止被仰出候間、御請書へ調印可致(被カ)仰候付、諸宗役寺一列台帳印形仕候、其文言左の通り、

触頭相廃候条、自今諸布告幷願伺等の儀は総て戸長にて取扱候間、手残有之分は其向へ相送り可申事、左の通被仰渡承知奉畏候、依之御請書奉差上候処、如件、

明治辛未(四年)年十一月

真福寺　印

根生院　印

弥勒寺　印

件書件弥・根・真即日より会議仕候得共、更に了簡工夫無之、乍去新義一派宗掟役寺とも致度存候得共、先以増上寺幷寛永寺其外篤と問合、諸宗触頭役寺の振合に準じ取斗方も可有之哉と存余り、諸寺へ尋問の処、只々忙然(ママ)と可然精義も無之趣に相聞候、孰れにも後者可申上候得共、不取敢前顕の条々可得貴意旨、各院主より被申付候間、此段化主様へ可然被仰揚可被下候、猶御集議中へ同断御披露可被下候、且つ此儀に付、可然御良策有之候得は、大至急御報奉待上候、恐々謹言、

弥勒寺役者　観音寺

真福寺役者　長久寺
根生院役者　西光院

尚々、御当山役者中へ別紙同様御取斗候儀、伏て奉懇願候、以上、

とある。前文をみると、明治四年十一月に諸宗の触頭役寺は東京府に呼び出され、触頭の廃止を伝達されて、請書を提出していることがわかる。そして後文をみると、新義真言宗の触頭は、浄土宗の増上寺や天台宗の寛永寺等と相談しようとしたが、各宗共に茫然自失の状態であったと記されている。

増上寺日鑑の明治四年十二月八日の条には、

一、来申年（明治五年）天朝江御年頭之儀ニ付、府内紫衣檀林江達、左ニ、

来申年　天朝江御年頭参　内献上物之義、当春之通、其御筋江当山（増上寺）より願立候処、右者各戸長江申立候様御沙汰相成候間各区戸長江御願立被成候、此段其御丈室江通達可有之候、以上、

十二月八日　役者

伝通院
霊巌寺
誓願寺
天徳寺
右宿坊中

とある。同趣旨のものが、十一月二十九日付で田舎紫衣檀林宛に、また十二月付で田舎香衣檀林にも出されている。

これらをみると、浄土宗の触頭である増上寺の役者は、これまで増上寺が担当してきた朝廷への取り次ぎを、今後は

戸長が担当することになったので、各戸長を通して願い出るように檀林寺院に伝達している。増上寺日鑑に直接触頭の廃止に関する記載はないが、増上寺の公的な触頭の役はこの時に廃止されたものと思われる。しかし浄土宗内の触頭的な役割はそのまま存続したようである。

このような事例は、地方の触頭寺院の動向にも波及していたようである。野田秀雄氏が『明治浄土宗史の研究』の中で、周防と長門の触頭の交替を紹介されている。同書によると、知恩院所蔵の明治三年の閏十月二十日付の山口藩庁祭祀方書状によると、

(ウハ書)「　知恩院　小幡彦七
　御使僧中　嶋田清左衛門　」

従来周防国善生寺・長門国常念寺江触頭被定置候処、当役向よりも時々宗法向、其外承合候儀茂有之候処、右両寺ニ限り候而者、其当住不審之義も可有之哉ニ付、向後改正、更ニ一派中人撰を以的当之住持、一世限り被申付候而可然と存候、右為御念可得御意候、已上、
　(明治三年)閏十月廿日

とある。これをみると山口藩側から、従来浄土宗の周防と長門の触頭は、善生寺と常念寺に定められていたが、これからは両寺による触頭制度は廃止して、一派中から的当な僧侶を選び、一代限りに触頭に任命する旨、知恩院に伝達されている。

これをうけて、知恩院所蔵の同年十一月付の常念寺願書によると、

　奉願上候事
従来長門国触頭、拙寺所勤仕来候処、此度人撰的当之住持一世限り被仰付候段、被仰出候ニ付而者、右触頭被差

除被下候様奉願候、此段宜被成御沙汰可被下候、以上、

明治三午年十一月　　　　常念寺

小幡彦七殿

嶋田清左衛門殿

とある。このように常念寺は長門国の触頭を辞退することを山口藩庁に願い出ている。この結果、

萩浄土宗　報恩寺　無関

右善生寺・常念寺儀、触頭被差除候付、当分右職務筋相勤可申候事、

と、山口藩庁から報恩寺の無関が周防・長門両国の触頭に任命されている。これは前述の全国全宗が一列に触頭を廃止された明治四年十一月以前の出来事である。山口藩の場合は、講学場設置という特殊条件を考慮する必要があるが、これらの一連の動きは明治新政府の意向が反映しているものと思われる。

維新期の触頭寺院の変貌はこのような他律的な要因だけではない。

増上寺日鑑の明治三年の条には、

一、岩城平善昌寺義、日向国延岡江引寺ニ相成候ニ付、届書左之通、但、末寺六ケ寺有之候処、岩城平良善寺江為任置候旨申出候事、

以書付御届申上候

岩城　平　善昌寺

右者延岡藩知事先代開基菩提所ニ而、西京知恩院末ニ取立被置候処、此度延岡表三福寺江改葬相成り、拙僧儀茂同所江引移申候、此段御届申上候、以上、

明治三庚午年　　　　岩城　平　善昌寺　印

物録所

御役僧中

とある。岩城平の善昌寺は、内藤家の菩提寺の由緒をもって、同地方の触頭役を勤めていたが、新政府下では、内藤家の移封先の延岡藩知事内藤政挙を頼って、延岡へ移転している。そして岩城の末寺は近在の良善寺に預けており、岩城の触頭善昌寺は自然消滅したことになる。触頭寺院には藩政の都合上、大名の菩提寺が多く登用されており、善昌寺と同様のケースで移転したり、没落したものが多かったものと思われる。

智積院日鑑に記されていたように、明治四年十一月に江戸の諸宗の触頭は廃止され、増上寺の役者の触頭も同様の運命を辿った。地方の触頭も前述のような自律的・他律的要因によって次第にその改廃を余儀なくされた。そして明治新政府下の触頭は、江戸時代のような寺格本位の世襲はなく、人物本位となり、末寺や触下寺院に対する優先権も著じるしく限定され、新政府の行政機構の中で、単に宗内の事務伝達機関としての役割りを果すだけになってしまった。

註

（1）『増上寺文化財目録』整理番号「記録8-1～7」。
（2）同右「年中行事1-1～4」、『増上寺史料集』第九巻所収。
（3）同右「法規1-11」、『増上寺史料集』第一巻所収。
（4）「触頭寺院の変遷」本書四九一～四九六頁参照。
（5）『増上寺文化財目録』整理番号「本末4-67」。

（6）同右「本末5-84」。
（7）「浄土宗の触頭制度について―特に信濃国を中心として―」（『印度学仏教学研究』第三十一ノ一、昭和五十七年十二月）参照。
（8）この史料は安国寺文書の欠損部分を『祠曹雑識』巻十七所収の同書状によって補完したものである。
（9）『増上寺文化財目録』整理番号「本末6-86」。
（10）同右「法規4-66」、『増上寺史料集』第四巻所収。
（11）同右「記録28-520」。
（12）宇高良哲・中野正明編著『岐阜本誓寺文書』（近世寺院史料叢書2）。
（13）『増上寺文化財目録』整理番号「法規4-66」、『増上寺史料集』第四巻所収。
（14）宇高良哲・吉原浩人編著『甲府善光寺文書』（近世寺院史料叢書5）参照。
（15）拙著『近世浄土宗史の研究』第二十二章「触頭制度」参照。

第五章　浄土宗触頭増上寺役者譜年次考

はじめに

浄土宗の場合、江戸の触頭を増上寺の役者衆が勤めている。増上寺の役者は浄土宗の惣録司として、増上寺住職を補佐して、一宗の行政を担当している。増上寺の役者は、増上寺で修学中の所化上座五十僧から選出された所化役者二名と、増上寺山内の坊中の上座二院が担当する寺家役者二名の計四名が勤めている。

この増上寺の役者について、従来ほとんど研究がなされていないようである。現在、浄土宗寺院の史料調査を実施すると、これらの役者衆の名前で出された公文書が多数残存している。無年号史料も多く、幕府の寺社奉行などと同じように、その名前と在任期間を整理しておくと大変便利であると思われる。そこで私は研究者の便宜を計るために、現在までに浄土宗寺院の史料調査を通して知り得たデータを整理して、一八二〜一九八頁の如く表10の「増上寺役者譜年次表」を作成してみた。なお、就任・退役年次が確認できていない役者もおり、将来もっと補強され、精密な年次表が作成されることを期待するものである。

私がこの年次表を作成するにあたってもっとも参考になったものは増上寺所蔵の「幹事便覧」第一巻所収の「当山役者両僧入役・退役年月記、幷役者号始事」と「四役者印鑑帳」である。

詳細は本論の中で具体的に考証していくが、両者共に編纂物であるので、そのまま信用することは危険であるので、私はこの年次表作成にあたって、より史料価値の高い同年代の客観的史料を基本としながら、年次表の作成につとめ

表10　増上寺役者譜年次表

住職　所化役者　寺家役者

寛永1
寛永2　△○
寛永3
寛永4
寛永5
寛永6
寛永7　△○△○
寛永8
寛永9　△○
寛永10
寛永11　△○
寛永12　△○
寛永13
寛永14
寛永15

(13)正誉廓山　元和8年10月28日入寺　寛永2年8月23日没

(14)桑誉了的　寛永2年11月26日入寺　寛永7年9月15日没
(天光院道楽　浄運院閑栄　大残　善哲)　幹事便覧

(15)円誉潮龍　寛永7年10月入寺　寛永7年12月9日没

(16)深誉伝察　寛永7年12月入寺　寛永9年1月1日没

(17)照誉了学　寛永9年1月17日入寺　寛永11年2月13日没
(本誓寺と誓願寺　了門　源興院　浄運院)　幹事便覧

(18)定誉随波　寛永11年3月入寺　寛永12年9月10日没
(長屋　長波　後長屋　代り知哲　源興院　浄運院)　幹事便覧

(19)登誉智童　寛永12年9月28日入寺　寛永16年1月9日没
潮也(法誉)　潮把　両者寛永13年7月15日御日記初見
潮也　寛永15年7月15日御日記最後
知哲(頓誉)　寛永15年7月15日御日記初見

年		住職	所化役者	寺家役者
寛永16	△○	(20)南誉雪念 寛永16年2月入寺 寛永17年9月18日没	芦江 盆龍 両者寛永16年3月15日御日記初見	
寛永17	△○			
寛永18			呂幸 梵龍 両者寛永18年7月15日御日記最後	
寛永19				
寛永20			可天 秀徹 両者寛永20年7月15日御日記初見	
正保1				
正保2		(21)業誉還無 寛永17年12月入寺 慶安3年5月1日辞職		
正保3				
正保4				
慶安1				
慶安2				
慶安3	△○			
慶安4		(22)暁誉位産 慶安3年5月入寺 承応1年8月20日没	可天 秀徹 両者慶安4年7月15日御日記最後	
承応1	△○			
承応2				

承応3　明暦1　明暦2　明暦3　万治1　万治2（△○）　万治3　寛文1　寛文2（△○）　寛文3　寛文4　寛文5　寛文6　寛文7　寛文8

住職

(23) 遵誉貴屋　承応1年9月入寺　万治2年11月20日辞職

(24) 本誉露白　万治2年11月26日入寺　寛文2年9月17日辞職

(25) 頓誉智哲　寛文2年9月25日入寺　寛文9年7月23日辞職

所化役者

万量(貴誉)　両者明暦1年1月6日御日記初見 ―― 万量　万治2年11月御日記最後

潮山　万治3年1月6日御日記初見 ―― 潮山　寛文3年7月15日御日記最後

長諸　寛文4年1月6日御日記初見 ―― 長諸　寛文7年1月6日御日記最後

源意(勢誉) ―― 源意　寛文1年5月大恩寺文書最後

古岩(流誉)　寛文3年1月6日御日記初見 ― 古岩　寛文4年2月御日記最後

薫冏　寛文5年7月15日御日記最後 ――

寺家役者

月光院(実誉光徹)　両者明暦3年10月御日記初見 ―― 月光院　寛文5年4月秋田文書退役

寿光院(随誉休波)　寛文5年7月15日御日記初見 ――

常照院(専誉智清)

常行院(迎誉源達)　万治3年1月6日御日記初見 ――

寛文9　寛文10　寛文11　寛文12　延宝1　延宝2　延宝3　延宝4　延宝5　延宝6　延宝7　延宝8　天和1　天和2　天和3

△○（寛文9）　△○（延宝1）　△○（延宝3）　△○（延宝8）　△○（天和2）

住職

(26)森誉歴天　寛文9年入寺　延宝1年12月4日没

(27)乗誉珂天　延宝1年12月4日入寺　延宝3年閏4月7日辞職

(28)広誉詮雄　延宝3年4月28日入寺　延宝8年8月6日辞職

(29)信誉巌宿　延宝8年8月8日入寺　天和2年7月26日辞職

(30)生誉霊玄　天和2年8月2日入寺　貞享3年2月辞職

所化役者

村貞　寛文9年1月6日御日記　これだけ

連的(義誉)　両者寛文10年1月6日御日記初見　寛文12年2月秋田文書退役　寛文12年1月6日御日記最後 ―― 連的

了也(貞誉)　寛文12年7月15日御日記初見 ―― 了也　延宝6年1月6日御日記最後

円冏(玄誉)　延宝6年7月15日御日記初見 ―― 円冏　両者天和1年1月6日御日記最後

秀道(白誉)　両者天和1年7月15日御日記初見　同2年10月御日記最後

薫冏　寛文9年1月6日御日記最後

良我(宏誉) ―― 良我　延宝2年1月6日御日記最後

呑随　延宝2年7月15日御日記初見　延宝3年1月6日御日記最後

知白(鑑誉)　延宝3年5月御日記初見 ―― 知白　延宝5年1月6日御日記最後

白玄(詮誉)　延宝5年7月15日御日記初見 ―― 白玄

岳雲

円理(応誉)　天和3年3月年中行事就任

寺家役者

寿光院　延宝2年1月6日御日記最後

林松院(宝誉見悦)　延宝3年1月6日御日記初見 ―― 林松院　天和1年1月6日御日記最後

徳水院(一誉仙慶)　天和2年1月6日御日記初見

常行院　延宝4年1月6日御日記最後

源興院(寂誉恕元)　延宝5年1月6日御日記初見

貞享1　貞享2　貞享3　貞享4　元禄1　元禄2　元禄3　元禄4　元禄5　元禄6　元禄7　元禄8　元禄9　元禄10　元禄11

（△○ 貞享3・4の間、△○ 元禄5）

住職

(31)流誉古巌　貞享3年2月24日入寺　元禄5年2月21日辞職

(32)貞誉了也　元禄5年2月24日入寺　元禄12年閏9月26日辞職

所化役者

雲臥(証誉)　貞享1年1月6日御日記初見

雲臥　貞享3年1月6日御日記最後

淳甫　両者貞享4年1月6日御日記初見

淳甫　元禄1年7月15日御日記最後

龍繁(湛誉)　元禄2年1月6日御日記初見

龍繁　元禄6年1月6日御日記最後

秀円(一誉)　元禄7年閏5月12日徳川実紀初見

秀円　元禄10年4月8日規約類聚最後

見超(照誉)　元禄10年9月御日記初見

円理　貞享2年8月甲斐善光寺文書最後

円量

円量　元禄3年7月15日御日記最後

吟達(然誉)　元禄5年4月8日知恩院日鑑初見

寺家役者

徳水院　貞享2年1月6日御日記最後

貞松院(善誉良長)　貞享2年3月知恩院古記録抜萃初見

貞松院　貞享4年3月御日記最後

月光院(光誉専了)　元禄1年1月6日御日記初見

源興院　元禄1年3月御日記最後

天陽院(法誉知発)　元禄2年1月6日御日記初見

元禄12　元禄13　元禄14　元禄15　元禄16　宝永1　宝永2　宝永3　宝永4　宝永5　宝永6　宝永7　正徳1　正徳2　正徳3

△○（元禄12）　△○（元禄13）　△○（宝永1）　△○（正徳1）

住職

(33) 詮誉白玄
元禄12年閏9月29日入寺
元禄13年7月2日没

(34) 証誉雲臥
元禄13年8月入寺
宝永1年11月24日辞職

(35) 湛誉門周
宝永1年11月29日入寺
正徳1年11月26日辞職

(36) 顕誉祐天
正徳1年12月6日入寺
正徳4年6月19日辞職

所化役者

見超
元禄13年3月月番日鑑最後

白随(演誉)
元禄13年11月月番日鑑初見

白随→了海(察誉)
元禄16年2月8日知恩院日鑑退役就任

了海→霊鑑(順誉)
両者元禄17年8月7日知恩院日鑑退役就任

霊鑑(順誉)
宝永4年6月4日規約類聚最後

檀歴
宝永4年8月御日記初見

吟達→知宅
元禄13年2月月番日鑑退役就任

観徹(義誉)
元禄14年3月14日増上寺文書初見

観徹→寿元(経誉)

寿元→霊雲(鑑誉)
宝永4年3月月番日鑑最後
宝永4年6月4日規約類聚初見

霊雲
宝永5年2月規約類聚最後

霊旭(寛誉)
宝永8年2月29日知恩院書翰就任

霊旭→円龍(諦誉)
正徳3年5月24日知恩院日鑑退役就任

寺家役者

月光院
元禄12年7月増上寺文書最後

源興院(晴誉白貞)
元禄13年3月月番日鑑初見

源興院
宝永1年11月御日記最後

広度院(立誉教哲)
宝永4年3月月番日鑑初見

広度院→安養院(彰誉円貞)
正徳2年8月知恩院日鑑退役就任

天陽院
元禄13年3月月番日鑑最後

寿光院(経誉知雄)
元禄14年3月14日規約類聚初見

寿光院
宝永1年11月御日記最後

月光院→良源院(真誉玄青)
宝永4年3月月番日鑑初見
(岳誉専益) 宝永4年12月月番日鑑初見

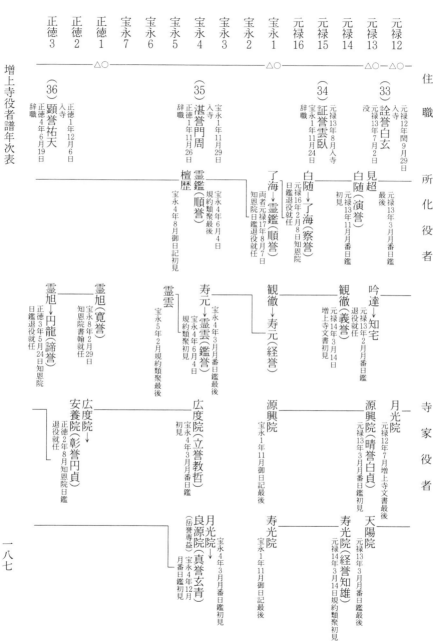

正徳4　△○
正徳5
享保1
享保2　△○
享保3
享保4
享保5
享保6
享保7
享保8
享保9
享保10
享保11　△○
享保12
享保13

住職

(37)松誉詮察　正徳4年6月28日入寺　享保2年2月15日辞職

(38)演誉白随　享保2年2月23日入寺　享保11年2月14日辞職

(39)学誉冏鑑　享保11年2月28日入寺　享保17年8月22日辞職

所化役者

檀歴　正徳4年5月知恩院日鑑退役就任

檀歴→往的(堅誉)　正徳4年11月知恩院日鑑退役就任

往的→利天(衍誉)

利天→随澄(現誉)　享保3年11月月番日鑑退役就任

随澄→連察(走誉)　享保5年3月5日月番日鑑退役　同7日就任

円龍→弁弘(雋誉)　享保6年11月24日月番日鑑退役　同25日就任

連察→大円(覚誉)　享保9年6月25日月番日鑑退役　同26日就任

弁弘→擔梁(浄誉)　享保12年12月4日月番日鑑退役就任

寺家役者

安養院→浄運院(輪誉心海)　享保4年11月月番日鑑退役就任

良源院→池徳院(極誉吟龍)　享保1年10月月番日鑑退役就任

池徳院→観智院(門誉弁栄)　享保8年5月16日月番日鑑退役就任

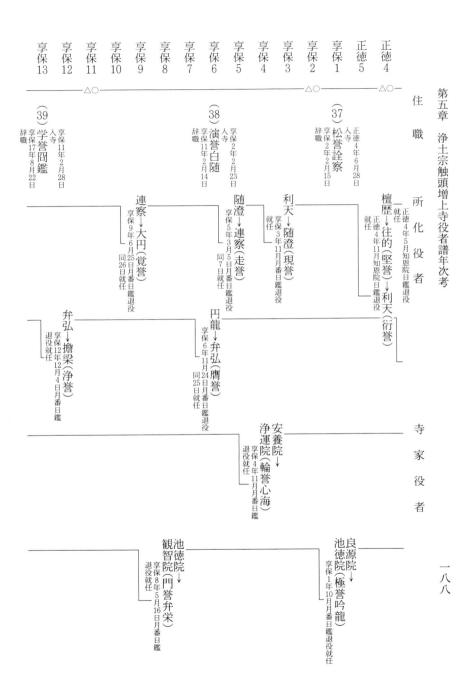

享保14　享保15　享保16　享保17　享保18　享保19　享保20　元文1　元文2　元文3　元文4　元文5　寛保1　寛保2　寛保3

△○（享保17）　△○（享保20）　△○（元文3）

住職

(40) 衍誉利天
享保17年8月29日入寺
享保20年1月9日没

(41) 通誉頓秀
享保20年1月22日入寺
元文3年11月21日辞職

(42) 尊誉了般
元文3年12月1日入寺
延享2年8月6日辞職

所化役者

大円→義潭（忍誉）
享保15年2月23日月番日鑑退役
同24日就任

義潭→念潮（晃誉）
寛保1年1月6日御日記最後
寛保1年8月御日記初見

擔梁→説冏（卿誉）
享保16年9月2日月番日鑑
退役就任

説冏→了碩（礼誉）
寛保2年3月月番日鑑退役就任

了碩→円了（真誉）
寛保3年9月月番日鑑退役就任

寺家役者

浄運院→月界院（典誉知勧）
享保16年5月26日月番日鑑退役
同27日就任

月界院→隆崇院（行誉栄徹）
享保18年11月7日月番日鑑
退役就任

隆崇院→天陽院（弁誉普談）
享保20年9月28日月番日鑑退役
同30日就任

観智院→良雄院（騰誉是月）
享保16年1月15日月番日鑑
退役就任

良雄院→清光院（暢誉然教）
享保20年8月8日月番日鑑退役
同9日就任

延享1　延享2　延享3　延享4　寛延1　寛延2　寛延3　宝暦1　宝暦2　宝暦3　宝暦4　宝暦5　宝暦6　宝暦7　宝暦8

△○（延享2）　△○（寛延3）　△○（宝暦3）　△○（宝暦6）

住職

(43)走誉連察　延享2年8月11日入寺　寛延3年2月13日辞職

(44)門誉覚瑩　寛延3年3月1日入寺　宝暦3年11月20日辞職

(45)成誉大玄　宝暦3年11月28日入寺　宝暦6年8月13日没

(46)妙誉定月　宝暦6年9月1日入寺　明和3年11月辞職

所化役者

念潮→察然(審誉)　延享3年4月13日月番日鑑退役　同14日就任

察然→信的　寛延3年10月2日月番日鑑退役　同3日就任

信的→要信(皎誉)　宝暦1年1月13日月番日鑑　退役就任

要信→密厳(瑧誉)　宝暦6年4月9日月番日鑑退役　同11日就任

円了→智英(典誉)　寛延2年7月12日月番日鑑　退役就任

智英→円海(浄誉)　宝暦4年10月15日浄国寺日鑑退役　同19日就任

寺家役者

天陽院→観智院(衍誉唯了)　寛延3年1月17日月番日鑑退役　就任

清光院→良源院(梵誉晃道)　宝暦2年11月25日月番日鑑　退役就任

宝暦9 宝暦10 宝暦11 宝暦12 宝暦13 明和1 明和2 明和3 明和4 明和5 明和6 明和7 明和8 安永1 安永2

住職

- (47)勧誉弁秀　明和3年12月1日入寺　明和7年11月7日辞職
- (48)典誉智英　明和7年11月15日入寺　安永2年3月5日没

所化役者

- 密厳→察岸(玉誉)　宝暦12年1月28日月番日鑑目録　退役就任
- 察岸→単笛(瑞誉)　宝暦13年2月7日月番日鑑退役　同11日就任
- 単笛→曇龍(勝誉)　明和1年11月29日月番日鑑退役　同12月2日就任
- 曇龍→潮天(順誉)　安永1年4月7日月番日鑑就任　安永1年4月18日月番日鑑没
- 円海→祐月(海誉)　宝暦9年8月7日月番日鑑退役　同10日就任
- 祐月→在定(遍誉)　明和3年2月9日月番日鑑退役　同11日就任
- 在定→儀弁(才誉)(天随と改名)　明和6年3月10日月番日鑑退役　同11日就任

寺家役者

- 観智院→源興院(稟誉玄了)　宝暦14年5月3日月番日鑑目録退役　同6日就任
- 源興院→花岳院(常誉諦雲)　明和9年2月9日月番日鑑退役　同10日就任
- 良源院→清光院(延誉教我)　明和5年8月3日月番日鑑退役　同7日就任

安永3　安永4　安永5　安永6　安永7　安永8　安永9　天明1　天明2　天明3　天明4　天明5　天明6　天明7　天明8

△○（安永6・7の間）　△○（天明2・3の間）

住職

- (49)豊誉霊応　安永2年3月15日入寺　安永6年12月11日没
- (50)便誉隆善　安永7年1月15日入寺　天明3年9月8日辞職
- (51)現誉満空　天明3年9月25日入寺　寛政2年4月3日辞職

所化役者

- 潮天↓了璇(進誉)　安永5年10月2日月番日鑑日録退役　同3日就任
- 了璇↓隆尹　安永10年2月8日月番日鑑退役　同9日就任
- 隆尹↓在禅(薫誉)　天明3年3月15日月番日鑑退役　同17日就任
- 在禅↓法月(一誉)　天明6年2月2日月番日鑑退役　同4日就任

- 天随↓順東(性誉)　安永3年4月24日月番日鑑　退役就任
- 順東↓了山(寛誉)　安永8年2月9日月番日鑑退役　同10日就任
- 了山↓寂信(明誉廓信と改名)　天明1年9月12日月番日鑑退役　同15日就任
- 廓信↓学円(光誉)　天明6年12月7日月番日鑑退役　同8日就任

寺家役者

- 花岳院↓林松院(暢誉要山)　天明2年2月4日月番日鑑　退役就任
- 林松院↓月界院(馨誉)　天明6年9月6日月番日鑑　退役就任

- 清光院↓隆崇院(鏡誉智海)　安永4年8月3日月番日鑑退役　同5日就任
- 隆崇院↓浄運院(弁立)　安永10年2月14日月番日鑑退役　同15日就任

寛政1　寛政2　寛政3　寛政4　寛政5　寛政6　寛政7　寛政8　寛政9　寛政10　寛政11　寛政12　享和1　享和2　享和3

（△○：寛政2、寛政4、寛政11）

住職

(52)統誉円宣　寛政2年4月13日入寺　寛政4年2月15日辞職

(53)嶺誉智堂　寛政4年2月28日入寺　寛政11年3月24日辞職

(54)倫誉念海　寛政11年4月19日入寺　文化5年3月10日辞職

所化役者

法月→宣契(澄誉)　寛政4年6月3日月番日鑑退役　同4日就任

宣契→察常(到誉)　寛政10年4月23日月番日鑑退役　同25日就任

学円→寛霊(裕誉)　寛政4年2月2日月番日鑑退役　同3日就任

寛霊→秀海(印誉)　寛政9年6月2日月番日鑑退役　同3日就任

寺家役者

月界院→観智院(昇誉麗順)　寛政4年4月22日月番日鑑退役　同24日就任

浄運院→常行院(弁誉察道)　寛政1年11月12日月番日鑑退役　同14日就任

常行院→良雄院(任誉大喜)　享和3年1月20日月番日鑑退役　同22日就任

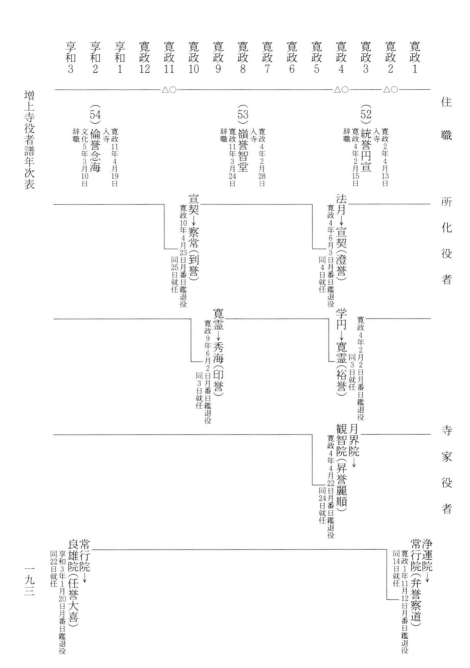

文化1　文化2　文化3　文化4　文化5　文化6　文化7　文化8　文化9　文化10　文化11　文化12　文化13　文化14　文政1

—△○（文化5）—△○（文化10）—△○（文政1）—

住職

- ㊺薫誉在禅　文化5年4月1日入寺　文化10年9月10日辞職
- ㊻教誉典海　文化10年10月1日入寺　文政1年12月1日没

所化役者

- 察常→在歓（巍誉）　文化6年2月10日月番日鑑退役　同15日就任
- 在歓→香堂（朝誉）　文化9年3月22日月番日鑑退役　同28日就任
- 香堂→隆海（貫誉）　文化11年1月11日月番日鑑退役　同14日就任
- 隆海→教我（静誉）　文化12年2月12日月番日鑑退役　同15日就任
- 教我→聖海（念誉）　文化13年5月28日月番日鑑　教我病死　同6月5日就任

- 秀海→祐海（速誉）　享和4年1月14日月番日鑑退役　同15日就任
- 祐海→徳定（昭誉）　文化8年10月28日月番日鑑退役　同11月1日就任
- 徳定→岱常（性誉典常）　文化10年2月20日月番日鑑退役　同24日就任

寺家役者

- 観智院→月界院（泰誉秀善）　文化8年6月18日月番日鑑退役　同20日就任
- 良雄院→安養院（禅誉湛道）　文化9年2月8日月番日鑑退役　同12日就任

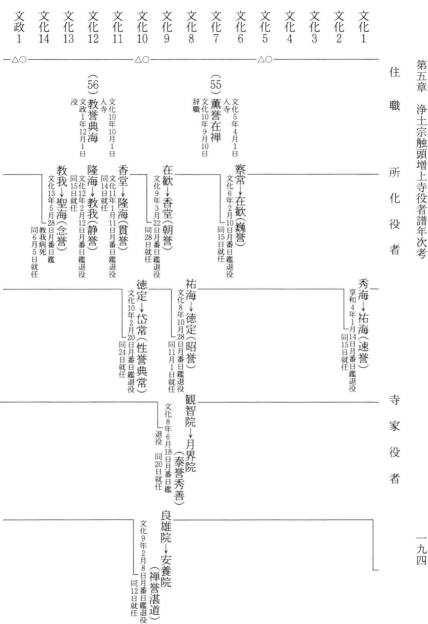

文政2　文政3　文政4　文政5　文政6　文政7　文政8　文政9　文政10　文政11　文政12　天保1　天保2　天保3　天保4

（文政3 △○　文政6 △○　文政12 ○　天保1 △　天保2 △○）

住職

- (57) 騰誉実海　文政1年12月15日入寺　文政3年1月9日没
- (58) 空誉舜従　文政3年2月15日入寺　文政6年3月4日辞職
- (59) 宝誉顕了　文政6年3月15日入寺　文政12年12月29日辞職
- (60) 宝誉顕了　天保1年3月再入寺　天保2年3月13日没
- (61) 功誉念成　天保2年4月24日入寺　天保7年5月19日辞職

所化役者

- 聖海→顕興（還誉）　文政6年5月24日月番日鑑退役　就任
- 顕興→善定（精誉）　文政13年3月7日月番日鑑退役　同21日就任
- 善定→純成（行誉）　天保4年5月21日月番日鑑退役　同25日就任

- 典常→天従（民誉）　文政3年9月24日月番日鑑退役　同25日就任
- 天従→祐麟（貌誉）　文政10年7月28日月番日鑑退役　同29日就任
- 祐麟→隆遂（万誉顕道）　文政12年9月12日月番日鑑退役　同10月2日就任
- 顕道→春我（従誉）　天保2年4月23日四役者印鑑帳退役　同5月7日就任

寺家役者

- 月界院→広度院（随誉観了）　文政2年2月13日月番日鑑退役　同15日就任
- 広度院→光学院（文英）　文政12年9月21日月番日鑑退役　同10月2日就任
- 光学院→昌泉院（観里）　天保3年12月26日月番日鑑退役　同29日就任

- 安養院→源流院（宝誉智信）　文政6年12月2日月番日鑑退役　同3月就任
- 源流院→良雄院（源流院円哲）　文政13年3月15日月番日鑑退役　同21日就任
- 源流院→月界院（麗忍）　天保3年9月8日月番日鑑退役　同13日就任

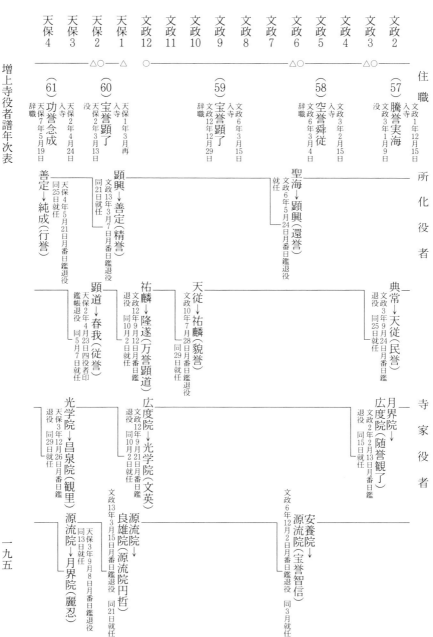

年次	住職交替
天保5	
天保6	
天保7	△○
天保8	
天保9	
天保10	○
天保11	△
天保12	
天保13	△○
天保14	
弘化1	△○
弘化2	
弘化3	
弘化4	
嘉永1	

住職

(62)明誉徳翁　天保7年6月1日入寺　天保10年9月10日辞職

(63)瑞誉巨東　天保11年2月21日入寺　天保13年8月2日辞職

(64)梵誉密賢　天保13年8月17日入寺　弘化1年6月3日没

(65)章誉智典　弘化1年7月10日入寺　嘉永4年3月6日辞職

所化役者

春我→良典(光誉)　天保7年6月5日月番日鑑退役　同9日就任

良典→祐翁(忍誉)　天保9年10月29日四役者印鑑帳退役　同11月6日就任

純成→徳充(真誉)　天保10年9月4日四役者印鑑帳退役　同7日就任

祐翁→璉界(法誉・融誉)　天保11年1月23日月番日鑑退役　同2月2日就任

徳充→明賢(等誉)　天保13年8月9日四役者印鑑帳退役　9月4日月番日鑑就任

璉界→典了(契誉)　弘化2年1月28日月番日鑑退役　同2月5日就任

明賢→貞也(元誉)　弘化3年4月15日月番日鑑退役　同5月18日就任

貞也→専達(洞誉)　嘉永1年9月26日四役者印鑑帳退役　就任日時不明

寺家役者

月界院→常行院(頂厳)　天保8年11月28日月番日鑑退役　同12月3日就任

常行院→池徳院(巨存)　天保11年8月4日月番日鑑退役　同7日就任

池徳院→雲晴院(貫定)　天保13年8月21日月番日鑑退役　同9月4日就任

雲晴院→浄運院(真乗)　弘化3年閏5月21日月番日鑑退役　同27日就任

浄運院→常照院(満冏)　弘化3年8月28日月番日鑑退役　同10月9日就任

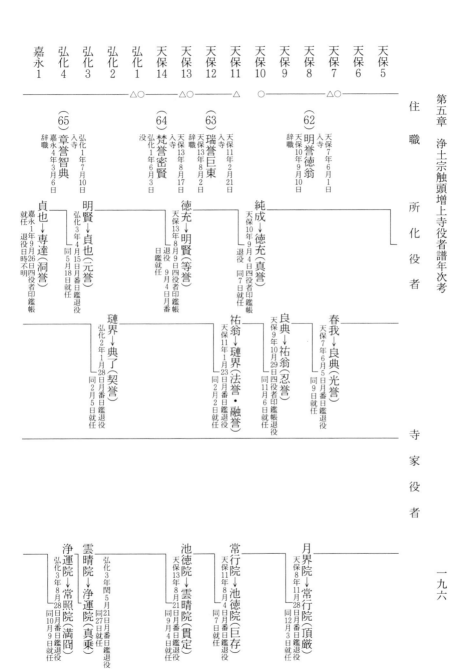

嘉永2　嘉永3　嘉永4　嘉永5　嘉永6　安政1　安政2　安政3　安政4　安政5　安政6　万延1　文久1　文久2

住職

△○（嘉永4）

(66)冠誉恵厳
嘉永4年3月26日入寺
万延1年12月10日没

△○（万延1）

(67)闡誉教音
万延1年12月24日入寺
慶応1年12月辞職

所化役者

専達→了廓(観誉)
嘉永7年閏7月19日月番日鑑退役
同24日就任

了廓→有厳(槃誉)
安政4年12月9日月番日鑑退役
同27日就任

典了→善法
嘉永3年8月15日四役者印鑑帳就任
退役日時不明

善法→観随(即誉)
嘉永5年12月2日四役者印鑑帳退役
同4日就任

観随→豊舟(祥誉)
安政3年11月2日月番日鑑退役
同3日就任

豊舟→念達(観誉)
文久2年10月1日月番日鑑退役
同3日就任

寺家役者

昌泉院→広度院(万迪)
嘉永7年2月22日四役者印鑑帳退役
同28日就任

広度院→源興院(亮迪)
文久2年10月6日月番日鑑退役
同8日就任

	住職	所化役者	寺家役者
元治1			源興院→花岳院（隆音） 元治1年2月1日月番日鑑退役 同5日就任
慶応1	△○ (68)等誉明賢 慶応1年12月28日入寺 明治5年8月24日辞職		常照院→源流院（諦忍） 慶応1年6月7日月番日鑑退役 同8日就任
慶応2		宥厳→賢禅（燈誉） 慶応2年7月2日月番日鑑退役 就任	花岳院→月界院（成賀） 慶応2年12月6日月番日鑑退役 同8日就任
慶応3			
明治1			源流院→天陽院（隆典） 明治1年4月26日月番日鑑退役 就任

たので両者の年月日が一致しない場合もある。いずれも典拠を明示しておいたので検討していただければ幸いである。

「増上寺役者譜年次表」について

この年次表の用語について簡単に解説しておきたい。「初見」と「最後」は、その人物が役者を勤めていることが確認できる最初の史料を初見とし、最後の史料を最後としている。即ち、初見から最後までは客観的な史料により確実にその人物が役者を勤めていたことになる。実際にはもっと在任期間が長かった可能性が高いが、私は「幹事便覧」や「四役者印鑑帳」などの編纂物はできるだけ参考資料にとどめ、同時代史料で確認できる期間を明示したのであり、将来は新史料が出現すればもっと期間が広がることになる。

「就任」と「退役」は、その人物が役者に就任・退役したことを、そこに記載の史料によって確認していることを示している。例えば所化役者霊旭をみると、宝永八年（一七一一）の三月二十四日付の知恩院書翰（『知恩院史料集』四）に

は、

追啓、印鑑被遣、慥相達候、

先月廿九日之御札令拝見候、然者、貴僧御事、今度御役儀被仰付候由、乍御苦労、珍重之御事御座候、依之、従大僧正為祝儀、目録之通被遣候、宜相心得申進旨御座候、恐惶謹言、

三月廿四日

霊旭和尚

新月行事津梁、

とある。また『知恩院日鑑』の正徳三年（一七一三）六月五日（『知恩院史料集』五）の条には、

一、江戸ゟ先月廿四日書状来ル、本多弾正殿御役御免、跡役未不知、増上寺霊旭（御脱カ）役御免、跡役円龍、伴頭祐頓、

とある。これらの史料によって、霊旭は宝永八年（正徳元年）二月二十九日以前に増上寺役者に就任し、正徳三年五月二十四日以前に退役していることがわかる。

ところが、これを「幹事便覧」所収の霊旭の条をみると、次の如くである。

入役正徳三巳年閏五月廿三日
退役同四午年五月廿九日　霊旭

このように『知恩院日鑑』と「幹事便覧」とは、霊旭の在任期間に相違がある。私は前述したように、同時代の直接史料である『知恩院日鑑』の記載の方が優先すると考えている。「幹事便覧」の役者年月記は文政十年（一八二七）以降に編纂されたものであり、史料価値は少し劣るようである。そのため私はあえて同時代史料を典拠として明示したのである。

「四役者印鑑帳」は役者の印鑑登録帳のような性格をもつ記録であり、その記載内容はかなり正確である。しかし

編纂物であることには変りがないので、増上寺の寺内の動向を詳細に記録している同時代史料『増上寺月番日鑑』を基本史料とした。

「増上寺役者譜年次表」の前半については、史料が欠けているため極めて不充分なものであるが、本書の第四章一1「増上寺役者の成立」を参照しながら御覧いただければ幸いである。

それでは次にこの表を利用して、増上寺役者が発給した無年号史料の年代推定を試みてみたい。

秋田県立図書館所蔵の当福寺旧蔵の二月十二日付の両役者書状には次の如く記されている。

尚々、連的役儀被上候故、判形無之候、以上、

広度院方江之書付、具令披見候、然者誓願寺江触流之状遣候儀、先修理大夫殿御望被成候故、任其意候、乍去誓願寺へ門中之支配致候様ニ与者不申付候、惣而遠国之儀者、其所之地頭・代官之指引次第ニ而候、左様可被心得候、恐惶謹言

二月十二日

寿光院　休波(花押)

常行院　源達(花押)

良我(花押)

当福寺

寿光院休波と常行院源達は寺家役者、良我は所化役者であり、もう一人の連的が御役御免になっていることがわかる。連的は寛文十二年(一六七二)一月六日まで『御日記』によると所化役者を勤めている。連的の跡役了也は寛文十二年七月十五日には役者を勤めている。この書状は二月十二日付であり、当然寛文十二年のものであると断定できる。

次に三河随念寺所蔵の寅七月二十四日付の増上寺役者書状について考えてみたい。

其寺今般　御由緒之訳申立、御年頭御礼申上候節、独礼席被成下候様被相願候処、去六月廿八日本多紀伊守殿於御内寄合御列席、願之通正月廿八日御年頭御礼、独礼席ニ而申上候様ニ被、仰付候、寺格茂相改候之間、向来住持替之節、世寿・法臈等書付、以書通当山江可被相届候、以上、

寅七月廿四日

増上寺役者清光院（印）
天陽院（印）
察　然（印）
円　了（印）

参州
随念寺

この四人の役者の在任期間を整理すると、察然の就任した延享三年（一七四六）四月以降、円了が退役する寛延二年（一七四九）七月十四日以前ということになり、七月二十四日という月日から考えて、延享三年・同四年・寛延元年のいずれかということになる。この三年の中で寅年は延享三年ということになり、この書状は延享三年のものと断定できる。

このように表10の「増上寺役者譜年次表」を参照することよって、増上寺役者発給の無年号史料の年代推定が容易になる。なかなか年次を特定することは困難であるが、一定の期間まで絞りこむことは可能であろう。この表が今後の浄土宗史研究の一助となれば幸いである。

第六章　天台宗触頭寛永寺執当譜年次考

天台宗の場合、江戸の触頭を寛永寺の執当衆が勤めている。寛永寺の執当は天台宗の惣録司として、輪王寺門跡を補佐して、一宗の行政を担当している。寛永二年に最教院晃海が役者（後に執当に改名）に任命されて以来、慶応四年（一八六八）覚王院義観に至るまで、寛永寺の院家二、三名が執当として触頭を勤めている。

この寛永寺の執当について、従来ほとんど研究がなされていないようである。現在、天台宗寺院の史料調査を実施すると、これらの執当衆の名前で出された公文書が多数残存している。無年号史料も多く、幕府の寺社奉行と同じように、その名前と在任期間を整理しておくと大変便利であると思われる。そこで私は研究者の便宜を計るために、現在までに天台宗寺院の史料調査を通して知り得たデータを整理して、表11の如く「上野寛永寺執当譜」（以下、別表）を作成してみた。一応、執当の名前と在任期間については「執当譜」（『大日本仏教全書』八六所収）に別表の42に相当する真覚院守寂まで所収されているが、内容的に不完全なものである。

後掲の如く就任・免役が確認できていない執当もおり、将来もっと精密な執当譜が作成されることを期待するものである。なお明治以降の執当については、『喜多院日鑑』所収の明治元年（一八六八）八月九日の条をみると、

右病気ニ付、願之通天台宗触頭并取締向御免被　仰付之、

（山王別当）観理院

八月九日

（千駄木）世尊院

右当分之内、天台宗触頭并取締向之儀被　仰付之、

八月九日

とある。執当譜の69堯忍と71義観が慶応四年（一八六八）六月に上野彰義隊の動乱にまきこまれて失脚した後、一時期、山王別当観理院が執当を代行していたようであるが、同年八月に千駄木の世尊院が天台宗触頭として執当役をつとめることになったことがわかる。

別表中の用語について簡単に解説しておきたい。「初出」と「最後」は、その人物が執当を勤めていることが確認できる最初の史料を初出とし、最後の史料を最後としている。すなわち、初出から最後までは確実にその人物が執当を勤めていたことになる。実際にはもっと在任期間が長かった可能性が高いが、私は確認できる期間を明示したのであり、将来は新史料が出現すればもっと広がることになる。

「就任」と「免役」は、その人物が執当に就任、免役したことを、そこに記載の史料によって確認していることを示している。例えば天明七年三月十九日の仏頂院覚謙書状（『浅草寺日記』所収）は次の如くである。

今般真覚院跡役東漸院江被仰付、願王院室御跡等覚院江転住被仰付候間、此旨承知、末門寺中有之寺院ハ此旨可被相触候、

三月十九日　　仏頂院

これによって「上野寛永寺執当譜」42の真覚院守寂が天明七年三月十九日に免役となり、跡役に43の願王院寂現が同日付で就任したことを示している。この引用史料の中で注意を要するのは、真覚院と願王院は執当の院家号であり、東漸院と等覚院は寛永寺内の支院名である。同じ院号を称しているが区分が必要である。

（　）内の史料名は略称で記しているが、具名とその詳細については末尾の参考文献一覧を参照していただきたい。

それでは次にこの表を利用して無年号史料の年代推定をしてみたい。仙台仙岳院所蔵の十二月十八日付の執当衆連署書状には次の如く記されている。

一筆令啓達候、先以寒気甚候得共、御門主益御機嫌克被為成候間可尊慮易候、然者内々被申聞候御自分衣体之儀ニ付、願之趣令申沙汰、則別紙書付差遣候間、委細承知可有之候、折節取込候故、早々申入候、恐々謹言、

十二月十八日　住心院　公淵（花押）

円覚院　常然（花押）

仏頂院　義天（花押）

信解院

別表により、この三人が同時に執当を勤めていた期間は元禄十一年四月以降、元禄十二年三〜五月以前ということになり、十二月十八日ということから考えて、この書状は元禄十一年のものと断定することができる。

次に同じく仙岳院所蔵の閏四月二十三日付の執当衆連署書状について年代推定をしてみたい。

先月廿五日之芳札令披見候、御門主様益御機嫌能被為　成候、然者当三月中尊寺衆徒連名列次之儀ニ付、双方ゟ申立候趣、以書付被言上、則及御沙汰、御裁判之趣書記遣之、此旨急度可被申渡由申遣候付、彼山衆徒召寄、委細被申渡、勿論向後諍論ケ間敷儀申上間敷由、連名之印証取之被差越、是又及御沙汰候、右印証此方ニ写留本紙令返却候間、其寺府庫江可被納置候、恐々謹言、

閏四月廿三日　信解院　慈延（花押）

住心院　覚演（花押）

仙岳院

別表により、両者が執当を勤めていた期間は享保七年から享保十年までである。この間で閏四月があるのは享保九年だけであり、この書状は享保九年閏四月二十三日のものであることがわかる。このように「上野寛永寺執当譜」を参照することによって、無年号史料の年代推定が容易になる。年次を特定することはなかなか困難であるが、一定の期間まで絞りこむことは可能であろう。この表が今後の天台宗史研究の一助となれば幸いである。

表11　上野寛永寺執当譜

	就任	免役	院家号	諱	跡役
1	寛永二年(一六二五)	承応二年(一六五三)二月 承応二年二月一〇日免役(執当譜)	最教院	晃海	
2	寛永二年(一六二五)	承応二年(一六五三)二月 承応二年二月一〇日免役(執当譜)	雲蓋院・双厳院	豪倪	
3	承応二年(一六五三) 寛文三年一一月二日初出(堯恕日記)	寛文八年(一六六八) 寛文五年一二月五日最後(堯恕日記)	常照院・住心院	実俊	
4	寛文一年(一六六一) 寛文三年一一月二日初出(堯恕日記)	延宝四年(一六七六)八月 延宝四年八月一八日最後(徳川実紀)	円覚院	亮伝・諶泰	
5	寛文八年(一六七六)一二月 寛文八年一二月二〇日就任(天台宗年表)	天和二年(一六八二)七月 天和二年七月八日免役(仙岳院日記)	明静院・観理院	舜盛	実俊跡役
6	延宝四年(一六七六)九月 延宝四年九月二八日就任(徳川実紀)	天和一年(一六八一) 天和一年三月四日最後(堯恕日記)	見明院・信解院	行海	諶泰跡役
7	天和一年(一六八一)七月 天和一年七月二八日就任(徳川実紀)	元禄二年(一六八九)カ＊1 元禄二年四月一一日最後(浄光寺文書)	現龍院・円覚院	公雄・亮研	行海跡役

8	天和二年（一六八二）七月 天和二年七月二八日就任（徳川実紀）	貞享三年（一六八六）一二月 貞享三年一二月一日最後（堯恕日記）	円珠院・伝法院	宣存・守快	舜盛跡役
9	貞享三年（一六八六） 貞享三年一二月二日就任（徳川実紀）	元禄四年（一六九一）八月 元禄四年四月一三日最後（仙岳院文書）	戒善院	玄海	守快跡役
10	元禄二年（一六八九）八月＊2 元禄二年八月一五日就任（徳川実紀）	元禄六年（一六九三）一二月 元禄六年一二月一五日免役（徳川実紀）	覚王院	最純	公雄跡役
11	元禄四年（一六九一）八月 元禄四年八月一五日就任（徳川実紀）	元禄一二年（一六九九）五月 元禄一二年三月二七日最後（徳川実紀）	仏頂院	義天＊3	玄海跡役
12	元禄六年（一六九三）一二月 元禄六年一二月一五日就任（徳川実紀）	元禄一六年（一七〇三）七月 元禄一六年七月六日免役（妙法院日記）	円覚院	常然＊4	最純跡役
13	元禄一一年（一六九八）＊5 元禄一一年四月七日初出（仙岳院文書）	宝永一年（一七〇四） 宝永一年八月二〇日最後（妙法院日記）	住心院	公淵	新任
14	元禄一二年（一六九九）五月 元禄一二年五月初出（仙岳院日記）	宝永三年（一七〇六）＊6 宝永三年八月二七日最後（妙法院日記）	願王院	智周	義天跡役
15	元禄一六年（一七〇三）六月 元禄一六年六月二八日就任（徳川実紀）	宝永三年（一七〇六）一一月 宝永三年一一月二三日免役（徳川実紀）	慈雲院	実興	常然跡役
16	宝永一年（一七〇四）七月 宝永一年七月二八日就任（徳川実紀）	宝永六年（一七〇九）一一月＊7 宝永六年八月一日最後（宝戒寺文書）	楞伽院	貫通	公淵跡役
17	宝永三年（一七〇六）九月 宝永三年九月二八日就任（徳川実紀）	正徳三年（一七一三）三月＊8 宝永六年八月一日最後（宝戒寺文書）	信解院	恵順	智周跡役
18	宝永三年（一七〇六） 宝永四年二月一九日初出（妙法院日記）	宝永五年（一七〇八） 宝永五年閏一月一五日最後（仙岳院日記）	護法院	公然	実興跡役

19	宝永五年（一七〇八） 宝永六年八月一日初出（宝戒寺文書）	正徳二年（一七一二）七月 正徳二年七月一日免役（徳川実紀）	恵恩院	恵潤	公然跡役
20	正徳二年（一七一二）七月 正徳二年七月一日就任（徳川実紀）	享保三年（一七一八）三月＊9 正徳六年四月七日最後（浅草寺日記）	霊山院	慈泉	恵潤跡役
21	正徳三年（一七一三） 正徳三年七月一〇日初出（仙岳院文書）	正徳五年（一七一五） 正徳四年三月最後（長福寺文書）	真覚院	最妙	恵順跡役
22	正徳五年（一七一五）六月 正徳五年七月二二日初出（仙岳院文書）	享保七年（一七二二）二月 享保六年一二月最後（灌頂院文書）	功徳院	尚志＊10	最妙跡役
23	享保四年（一七一九）カ 享保四年四月初出（日光執当日記）	享保一〇年（一七二五） 享保九年閏四月二三日最後（仙岳院文書）	住心院	覚濵＊11	慈泉跡役
24	享保七年（一七二二）二月 享保七年二月一〇日就任（天台宗年表）	享保一四年（一七二九）八月 享保一四年八月一五日免役（徳川実紀）	信解院	慈延	尚志跡役
25	享保一〇年（一七二五）二月＊12 享保一〇年四月初出（日光執当日記）	享保一八年（一七三三）八月 享保一七年一二月最後（日光執当日記）	恵恩院	智洞	覚濵跡役
26	享保一四年（一七二九）八月 享保一四年八月一五日就任（徳川実紀）	元文三年（一七三八）一〇月 元文三年一〇月一五日免役（徳川実紀）	覚王院	良然＊13	慈延跡役
27	享保一八年（一七三三）八月 享保一八年九月二八日初出（妙法院日記）	元文四年（一七三九）六月 元文四年六月一日免役（徳川実紀）	願王院	正純	智洞跡役
28	元文三年（一七三八）一〇月 元文三年一〇月一五日就任（徳川実紀）	寛保二年（一七四二）六月 寛保二年四月最後（日光執当日記）	円覚院	澄然	良然跡役
29	元文四年（一七三九）六月 元文四年六月一日就任（徳川実紀）	寛保四年（一七四四） 寛保四年三月一日免役（徳川実紀）	龍王院	智韶	正純跡役

30	寛保二年(一七四二)六月 寛保二年七月一日就任(徳川実紀)	宝暦七年(一七五七)一二月 宝暦七年九月最後(千妙寺文書)	覚王院	覚深	澄然跡役
31	寛保四年(一七四四)二月 寛保四年三月一日就任(徳川実紀)	宝暦一〇年(一七六〇)一二月 宝暦一〇年九月最後(日光執当日記)	信解院	深海	智韶跡役
32	宝暦七年(一七五七)一二月 宝暦八年四月初出(日光執当日記)	宝暦一三年(一七六三)九月 宝暦一三年四月最後(喜多院日鑑)	住心院	空潭	覚深跡役
33	宝暦一一年(一七六一)二月 宝暦一一年三月一九日初出(徳川実紀)	宝暦一三年(一七六三)九月 宝暦一三年八月最後(日光執当日記)	霊山院	貫亮	深海跡役
34	宝暦一三年(一七六三)一二月 宝暦一三年一二月五日就任(浅草寺日記)	明和九年(一七七二)三月 明和八年四月最後(日光執当日記)	覚王院	慈秀	空潭跡役
35	宝暦一三年(一七六三)一二月 宝暦一三年一二月五日就任(浅草寺日記)	明和五年(一七六八)三月 明和四年一一月最後(宝戒寺文書)	信解院	守玄	貫亮跡役
36	明和五年(一七六八)三月 明和五年八月初出(日光執当日記)	明和九年(一七七二)一〇月 明和九年八月最後(浅草寺日記)	円覚院	寂忍	守玄跡役
37	明和八年(一七七一)一二月 明和八年一二月初出(日光執当日記)	明和九年(一七七二)一〇月 明和九年八月最後(浅草寺日記)	信解院	慈堂	新任
38	明和九年(一七七二)六月 明和九年六月二七日就任(喜多院日鑑)	安永一年(一七七二)一一月 安永一年一一月九日免役(喜多院日鑑)	願王院	幸然	慈秀跡役
39	明和九年(一七七二)一〇月 明和九年一〇月二五日就任(喜多院日鑑)	安永三年(一七七四)一二月 安永三年九月二八日最後(浅草寺日記)	功徳院	覚印	寂忍跡役
40	安永一年(一七七二)一一月 安永一年一一月九日就任(喜多院日鑑)	安永五年(一七七六)六月 安永五年六月一五日免役(浅草寺日記)	恵恩院	周順	幸然跡役

41	安永三年(一七七四)一二月 安永四年四月初出(日光執当日記)	寛政三年(一七九一)六月 寛政三年四月一一日最後(喜多院日鑑)	仏頂院	覚謙	覚印跡役
42	安永五年(一七七六)七月 安永五年六月一六日就任(浅草寺日記)	天明七年(一七八七)三月*14 天明七年三月一九日免役(浅草寺日記)	真覚院	守寂	周順跡役
43	天明七年(一七八七)三月 天明七年三月一九日就任(浅草寺日記)	寛政三年(一七九一)四月 寛政三年四月一四日免役(浅草寺日記)	願王院	寂現	守寂跡役
44	寛政三年(一七九一)五月 寛政三年五月一二日就任(浅草寺日記)	寛政六年(一七九四)四月 寛政六年四月二日免役(浅草寺日記)	龍王院	円伝	寂現跡役
45	寛政三年(一七九一)六月 寛政三年六月一二日就任(喜多院日鑑)	寛政九年(一七九七)三月 寛政九年三月一九日免役(浅草寺日記)	恵恩院	鈴然	覚謙跡役
46	寛政六年(一七九四)四月 寛政六年四月二日就任(浅草寺日記)	寛政一二年(一八〇〇)八月 寛政一二年八月一〇日免役(浅草寺日記)	楞伽院	長善	円伝跡役
47	寛政九年(一七九七)三月 寛政九年三月一九日就任(浅草寺日記)	寛政一二年閏四月 寛政一二年閏四月二九日免役(浅草寺日記)	功徳院	義宣	鈴然跡役
48	寛政一二年(一八〇〇)閏四月 寛政一二年閏四月二九日就任(浅草寺日記)	文化三年(一八〇六)三月 文化三年三月一日免役(浅草寺日記)	円覚院	長厳	義宣跡役
49	寛政一二年(一八〇〇)八月 寛政一二年八月一七日就任(浅草寺日記)	享和二年(一八〇二)一二月 享和二年一二月一一日免役(浅草寺日記)	住心院	尚詮	長善跡役
50	享和二年(一八〇二)一二月 享和二年一二月一二日就任(浅草寺日記)	文化六年(一八〇九)七月 文化六年七月二八日免役(浅草寺日記)	楞伽院	長道	尚詮跡役
51	文化三年(一八〇六)三月 文化三年三月一日就任(浅草寺日記)	文化一二年(一八一五) 文化一二年一一月最後(仙岳院日記)	覚王院	願海	長厳跡役

52	文化六年(一八〇九)七月 文化六年七月二八日就任(浅草寺日記)	文化一四年(一八一七)一一月 文化一四年一一月二〇日免役(喜多院日鑑)	恵恩院	深信	長道跡役
53	文化一二年(一八一五) 文化一二年一二月初出(日光執当日記)	文政四年(一八二一)一二月 文政四年一二月一六日免役(喜多院日鑑)	龍王院	孝順	願海跡役
54	文化一四年(一八一七)一一月 文化一四年一一月二〇日就任(浅草寺日記)	文政九年(一八二六) 文政九年一月二五日最後(喜多院日鑑)	信解院	慈巽	深信跡役
55	文政四年(一八二一)一二月 文政四年一二月一六日就任(喜多院日鑑)	文政一二年(一八二九) 文政一二年三月一八日最後(喜多院日鑑)	住心院	鈴明	孝順跡役
56	文政九年(一八二六)二月 文政九年二月一一日就任(浅草寺日記)	天保五年(一八三三)二月 天保五年二月一〇日免役(浅草寺日記)	真覚院	実潤	慈巽跡役
57	文政一二年(一八二九)三月 文政一二年三月二一日就任(浅草寺日記)	天保一年(一八三二)四月 天保三年四月一〇日免役(浅草寺日記)	覚王院	広乗	鈴明跡役
58	天保三年(一八三二)四月 天保三年四月一〇日就任(浅草寺日記)	弘化三年(一八四六) 弘化三年四月一八日最後(仙岳院日記)	龍王院	純海	広乗跡役
59	天保五年(一八三四)二月 天保五年二月一〇日就任(浅草寺日記)	天保八年(一八三七)六月 天保八年六月九日就任(浅草寺日記)	仏頂院	明順	実潤跡役
60	天保八年(一八三七)六月 天保八年六月九日就任(浅草寺日記)	天保一三年(一八四二)七月 天保一三年七月二〇日免役(仙岳院日記)	功徳院	亮長	明順跡役
61	天保一三年(一八四二)七月 天保一三年七月二〇日就任(仙岳院日記)	天保一四年(一八四三) 天保一四年七月最後(日光執当日記)	円覚院	鈴湛	亮長跡役
62	天保一四年(一八四三) 天保一四年八月初出(日光執当日記)	天保一五年(一八四四) 天保一五年二月最後(慈恩寺文書)	恵恩院	稟考	鈴湛跡役

63	弘化二年(一八四五) 弘化二年三月初出(日光執当日記)	弘化三年(一八四六) 弘化三年八月二六日最後(浅草寺日記)	楞伽院	詔慶	稟考跡役
64	弘化三年(一八四六) 弘化三年一一月六日就任(喜多院日鑑)	嘉永六年(一八五三) 嘉永六年一一月二一日最後(喜多院日鑑)	真覚院	志常	純海跡役
65	弘化三年(一八四六) 弘化三年一一月六日就任(喜多院日鑑)	安政五年(一八五八) 安政五年六月一九日免役(喜多院日鑑)	信解院	亮瑞	詔慶跡役
66	嘉永六年(一八五三) 嘉永六年一一月初出(仙岳院日記)	文久一年(一八六一)八月 文久一年八月二九日免役(浅草寺日記)	住心院	宣徴	志常跡役
67	安政五年(一八五八)六月 安政五年六月九日就任(喜多院日鑑)	慶応一年(一八六五) 慶応一年一二月七日最後(仙岳院日記)	円覚院	堯延	亮瑞跡役
68	文久一年(一八六一)五月*15 文久一年五月二九日就任(仙岳院日記)	文久三年(一八六三) 文久三年一〇月最後(霊山院文書)	真覚院	長応	新任跡役
69	文久一年(一八六一)八月 文久一年八月二九日就任(浅草寺日記)	慶応四年(一八六八) 慶応四年六月最後(義観戊辰日記)	龍王院	堯忍	宣徴跡役
70	慶応一年(一八六五) 慶応一年一二月一五日初出(浅草寺日記)	慶応三年(一八六七)二月 慶応三年二月二〇日免役(浅草寺日記)	楞伽院	宣澄	堯延跡役
71	慶応三年(一八六七)二月 慶応三年二月二〇日就任(浅草寺日記)	慶応四年(一八六八) 慶応四年六月最後(義観戊辰日記)	覚王院	義観	宣澄跡役

*1　執当譜には天和二年の免役とある。
*2　執当譜には元禄一年の就任とある。

＊3　執当譜には仏頂院義天なし。
＊4　執当譜には円覚院常然なし。
＊5　執当譜には元禄九年の就任とある。仙岳院文書をみると元禄十一年四月七日まで住心院公淵の署名は見られない。
＊6　執当譜には宝永二年とある。
＊7　楞伽院貫通、宝永六年十一月十四日没。
＊8　信解院恵順、正徳三年三月七日没。
＊9　霊山院慈泉、享保三年三月出火により逼塞。
＊10　執当譜には尚忍とあり、享保十年二月免役とある。
＊11　執当譜には住心院覚濵なし。
＊12　執当譜には享保十四年とある。
＊13　執当譜には覚王院良然なし。
＊14　真覚院守寂、天明七年三月二十日没。
＊15　浅草寺日記には文久一年四月二十二日の記事あり。

参考文献

執　当　譜　『大日本仏教全書』八六所収。1晃海から42守寂までの履歴が所収されている。
堯　恕　日　記　『堯恕法親王日記』一・二・三、寛文三年から元禄八年まで。吉川弘文館刊。
徳　川　実　紀　江戸幕府の歴史書、『国史大系』所収。
天台宗年表　渋谷慈鎧編、第一書房刊。
仙岳院日記　仙台仙岳院所蔵の日鑑、未刊。
仙岳院文書　同仙岳院所蔵の文書、『仙台仙岳院文書』近世寺院史料叢書所収。

宝戒寺文書　鎌倉宝戒寺所蔵の文書、著者の写真版。
浄光寺文書　埼玉県東松山市浄光寺所蔵の文書、著者の写真版。
妙法院日記　『妙法院日次記』史料纂集所収、元禄七年から享保十九年まで刊行。
浅草寺日記　浅草寺所蔵の日鑑、『浅草寺日記』一～一四（寛保四年から文政四年まで）刊行。これ以降の史料閲覧に際しては竹内誠先生に格別の御配慮をいただいた。厚く謝意をあらわすものである。
長福寺文書　埼玉県比企郡小川町長福寺所蔵の文書、著者の写真版。
灌頂院文書　埼玉県川越市灌頂院所蔵の文書、著者の写真版。
日光執当日記　日光輪王寺所蔵の「執当部屋日記」未刊。本史料の閲覧については輪王寺御当局の格別の御配慮を得た。厚くお礼を申し上げる次第である。
千妙寺文書　茨城県真壁郡関城町千妙寺所蔵の文書、『関城町史』所収。
喜多院日鑑　川越市喜多院所蔵の日鑑、『喜多院日鑑』一～一七（宝暦八年から明治三年まで）刊行。
慈恩寺文書　埼玉県岩槻市慈恩寺所蔵の文書、著者の写真版。
霊山院文書　埼玉県比企郡都幾川町霊山院（臨済宗）所蔵の文書、著者の写真版。
義観戊辰日記　『日本史籍協会叢書』「維新日乗纂輯」五所収。

初出一覧

第一章　諸宗江戸触頭成立年次考〔A〕
『大正大学研究紀要』第六八輯（一九八三年三月）
第二章　新義真言宗江戸四箇寺の確立〔A・C・F〕
『埼玉地方史』第四号（一九七七年十一月）
第三章　天台宗の初期の執当最教院晃海と双厳院豪倪の役割について
――特に紛争時の対応を中心に――
『歴史と文化』小此木輝之先生古稀記念論文集』（二〇一六年五月、青史出版刊）
第四章　浄土宗の触頭制度〔A・C・E〕
『法然浄土教の総合的研究』（一九八四年四月）
※三　摂津国の触頭制度について
――特に触頭の任命を中心に――
※四　美濃国の触頭の変遷
――岐阜本誓寺文書を中心に――
※六　信濃国の触頭制度について
――知恩院・増上寺の両触を中心に――

※七　触頭制度の改廃について
――特に明治維新期を中心に――

第五章　浄土宗触頭増上寺役者譜年次考　〔A・E〕
『大正大学研究紀要』第七八輯（一九九三年三月）

第六章　天台宗触頭寛永寺執当譜年次考　〔A・D〕
『天台学報』第三四号（一九九二年一〇月）

※印は今回新たに追加した論文である。

既刊拙著に収載の論考は、次の通りである。

A……『近世関東仏教教団史の研究』（文化書院）
B……『徳川家康と関東仏教教団』（東洋文化出版）
C……『江戸幕府の仏教教団統制』（東洋文化出版）
D……『南光坊天海の研究』（青史出版）
E……『近世浄土宗史の研究』（青史出版）
F……『近世新義真言宗史の研究』（青史出版）

あとがき

私はここ数年来、『南光坊天海の研究』『近世浄土宗史の研究』『近世新義真言宗史の研究』（いずれも青史出版刊）を刊行し、天台宗・浄土宗・新義真言宗の各教団を、教団別に縦割りに、江戸幕府の寺社行政との関係について解明に努めてきた。これらの過程で本末制度・触頭制度・檀林制度など、各教団に共通するテーマがあり、これらを各教団を横断的に考察する必要があると考えるようになった。そこで今回はこれらの中で、比較的研究が遅れていると思われる触頭制度に視点を定めて考察してみたい。

触頭制度に視点を定めたのは、各宗共に本末制度に関する研究はかなり進んでいる。さらに本末制度は江戸幕府によってより徹底化したとはいえ、基本的には教団内部の伝統的な組織の上に成立している。触頭制度は幕府が寺社奉行を設置して、幕府の意向を各教団に伝達するために新設した制度であり、より幕府の寺社行政を解明できると考えたためである。檀林制度については別の機会に考えてみたい。

本書の構成は、「初出一覧」にあるように、既存の発表論文を中心に、一分新出の論文を追加して、触頭制度を体系化したものである。そのため一部内容が重複した箇所がある。ご容赦いただきたい。

さらに、今回の反省点としては、私が永年大正大学に奉職していたために、調査した寺院が大学に関係した浄土宗・天台宗・新義真言宗の寺院が多くなり、必然的に本書の内容がこれらの三宗に偏ってしまった。曹洞宗の関三箇寺と江戸三箇寺の関係、日蓮宗の両派七組十五箇寺など、解明すべき触頭制度の問題点が多数あり、もっと多くの宗派の具体的な用例を集める必要があった。幸い一時心配された私の体調は、医師から太鼓判を押されるほど快復したので、もっと多くの宗派の史料について意識して収集して補足してみたいと考えている。

不充分ではあるが、本書の刊行によって、どちらかといえば関心の薄かったように思われる触頭制度について、少しでも研究者の関心を呼び起すことができれば幸いである。

最後に本書の刊行にあたり青史出版の渡辺清氏に編集全体にわたりご尽力をいただいた。記して厚く感謝する次第である。

また今日に至るまでご指導をいただいた多くの先生方、数々の調査にご協力をいただいた多くの仲間達、永年にわたり私を支えてくれた家族などに、厚く感謝の意を表して、お礼とする次第である。

平成二十九年十一月

宇高良哲

索　引

①人　名

あ　行

青山富六　38
浅野長政　154, 155
朝比奈源六　64
跡部大炊助　153
跡部昌忠　155
阿部忠秋　77
安藤重長　10, 20, 65, 66, 77, 84
安藤重信　41

池田勘右衛門　67, 68
位　産　183
石井良助　2
石川乗政　167
石川大和　61
石原昌明　154
板倉勝重　1, 36
一　残　83
一峰専道　21
以　伝　83
伊藤長右衛門　66
伊奈忠次　36
岩城宣隆　125
隠　元　24

宇高良哲　179
梅田義彦　2
雲　臥　146～148, 150, 186, 187

英　岳　54
栄　宜　44
永　喜　48
永　慶　43
永　繁　43
栄　増　55, 56
栄　智　44
栄　徹　189
恵　厳　197
恵　順　207, 208, 213
恵　潤　208
恵輪永明　21
演　賀　40, 53
円　海　190, 191
円　空　75, 76
円　冏　185
円光大師（源空）　119
演　山　142
円　宣　193
円　貞　187
円　哲　195
円　伝　210
円　祐　44
演　誉　126
円　理　146～148, 150, 185, 186
円　龍　187, 188, 199
円　了　189, 190, 201
円　量　83, 186

横関了胤　2
応　其　15
応　昌　14, 15
往　的　188
大島泰信　2

小笠原貞信　123, 142
小笠原長重　115
小笠原秀政　166
小笠原政信　142
奥平信昌　135
小田切茂富　154
織田信雄　154
織田信長　154
おにし　39
小幡彦七　176, 177

か　　行

解　厳　22
快　山　126
快　誉　137
恢　誉　93
海　誉　44
快　龍　81, 83
覚　印　210
岳　雲　185
覚　瑩　190
覚　円　83
学　円　192, 193
覚　謙　204, 210
廓　山　182
廓　信　192
覚　深　209
覚　清　44
覚　濵　205, 208, 213
梶川忠久　87
可　天　82, 83, 183
珂　天　185
閑　栄　10, 81, 182
願　海　210, 211
願　故　152
巌　宿　185
貫　定　196
観　随　197
観智国師（存応）　112, 141
貫　通　207, 213
観　徹　187
還　無　183
観　里　195
観　竜　84, 85
観　了　195
貫　亮　209
寛　霊　171, 193

義　演　37～40, 52, 53, 84, 85
貴　屋　184
義　観　203, 204, 212
義　宣　210
喜多村正成　53
義　潭　170, 189
義　天　205, 207
疑　念　134
儀　弁　191
旧　応　136
九　達　91, 137
及　天　141, 142
旧　伝　84, .85
休　波　184, 200
堯　延　212
教　音　197
教　我　191, 194
尭　海　62, 75
行　海　206
京極高次　154
堯　然　60
教　哲　187
堯　天　213
堯　忍　204, 212
行　保　137
巨　存　196
巨　東　196
吟　達　83, 169, 186～188

空　潭　209
櫛田良洪　2, 12, 35
熊沢三郎左衛門　71

栗山泰音　2
黒川八左衛門　64
黒田直邦　8
薫　冏　83,184,185

冏　鑑　188
経　信　53
罄　誉　192
慶　誉　43
源　以　83
源　意　83,86,87,184
玄　意　83
見　悦　185
憲　海　76
玄　海　66,207
源　廓　136
元　佶　18
顕　興　195
元　寿　12,35
玄　秀　43
賢　心　43
賢　真　45
玄　青　187
賢　禅　198
賢　尊　45
源　達　184,200
見　超　186,187
顕　道　195
源　甫　136
元　雄　44
賢　宥　44
源　誉　137
見　了　158
顕　了　195
玄　了　191

公　淵　205,207,213
耕屋普春　22
公　海　9,60,61,71～74,76～78
晃　海　8,9,59～66,68～78,203,206,213
豪　俔　8,9,59,65,66,68～78,206
光　重　44
孝　順　211
光　照　28
広　乗　211
公　然　207,208
幸　然　209
豪　村　75
光　徹　184
晃　道　190
香　堂　194
公　雄　206,207
広　誉　44
光　誉　13,37～39,42,46,49～51,56,57
古　巌　186
古　岩　83,184
駒井次郎左衛門　64
後陽成院　8

さ　行

在　歓　194
最　純　207
在　定　191
在　禅　192,194
最　妙　208
酒井忠勝　64,72,77
酒井忠次　142
坂本正仁　2,12,35,41
桜井信忠　154
察　岸　191
察　常　193,194
察　然　190,201
察　道　193
三左衛門　129

慈　胤　72,73
慈　延　205,208
重　広　44

慈　　秀　209
志　　常　212
慈　　心　96
慈　　泉　208, 213
慈　　巽　211
実　　海　195
実　　興　207
実　　俊　206
実　　潤　211
慈　　堂　209
渋谷慈鎧　213
嶋田清左衛門　176, 177
寂　　現　204, 210
寂　　信　192
秀　　円　83, 169, 186
秀　　海　193, 194
秀　　算　12, 35
周　　順　209, 210
秀　　善　194
秀　　哲　83
秀　　徹　82, 83, 183
秀　　道　185
守　　快　207
寿　　元　187
守　　寂　204, 210, 213
守　　澄　61, 74, 76, 77
俊　　賀　39, 40～42, 50, 55, 56
春　　我　195, 196
俊　　界　43
淳　　海　43
純　　海　211, 212
俊　　慶　55, 56
舜　　従　195
舜　　盛　206, 207
純　　成　195, 196
順　　長　83
順　　東　192
准　　如　34
淳　　甫　83, 186
正 意 房　39
正　　音　55, 56
聖　　海　194, 195
詔　　慶　212
常　　慶　155
浄　　桂　155
定　　月　190
聖　　光　102, 103
浄　　厳　3, 16
尚　　志　208
正　　純　208
尚　　詮　210
常　　然　205, 207, 213
乗　　蔵　45
尚　　忍　213
勝　　範　44
照　　誉　42, 50, 54, 56
称　　誉　166
恕　　元　185
恕　　迪　142
心　　海　126
深　　海　209
深　　秀　42, 45, 47, 49, 50
神　　証　39
真　　乗　196
深　　信　211
諶　　泰　206
信　　的　190
深　　誉　91
津　　梁　199

随　　澄　188
随　　波　84, 85, 94, 182
崇　　伝　1, 3, 12, 13, 17, 18, 29, 35～37, 39, 41, 46, 47, 55
須賀保治　71
須田盛重　87
諏訪頼水　169, 170

盛　　胤　52, 53
成　　賀　198

盛　憲　66, 70, 79
生　順　65, 72, 78, 79
勢　誉　14, 15, 137
清揚院(徳川綱重)　148, 149, 156
是　月　189
説　冏　170, 189
雪　念　86, 183
摂　門　81
全阿弥　1
仙　慶　185
宣　契　171, 193
詮　察　188
善　定　195
宣　存　207
専　達　196, 197
宣　澄　212
宣　徴　212
善　哲　10, 81, 182
善　如　28
専　念　135
千　姫　98
善　法　197
詮　雄　185
詮　誉　166
専　了　186

宗　吽　43
宗　快　43
宗　吟　83
宗山祖岌　18
宗　把　92, 93
聡　補　134
祖　慶　83
尊　海　22
尊　慶　44
尊　敬　61
村　貞　185
存　応　111, 112, 141, 166
尊　宥　43
尊　雄　43
尊　誉　157

た　行

諦　雲　191
大　円　188, 189
大　喜　193
大　愚　65
大　玄　190
台　山　85, 94, 81, 83
大　残　10, 81, 83〜85, 182
大鐘良賀　22
岱　常　194
諦　忍　198
沢　庵　20
卓　元　168
竹内誠　214
竹内道雄　2
武田信玄　153
武田信虎　155
伊達忠宗　60, 61
玉村竹二　17, 34
単　笛　191
湛　道　194
擔　梁　188, 189
檀　歴　187, 188

智　英　190, 191
智　海　192
知　勧　189
千種木工　62, 63
智　周　207
智　韶　208, 209
智　信　195
智　清　184
知　宅　187
知　哲　10, 81, 83, 86, 182
智　哲　184
智　典　196
智　堂　193
智　洞　8, 208

智　童　10, 81, 86, 182
智堂光紹　21
知　白　185
千葉乗隆　2
知　発　186
知　雄　187
忠左衛門　129
長　応　212
長　屋　10, 81, 86, 182
長　雅　43
長　厳　210
頂　厳　196
朝　算　83
潮　山　83, 184
張　序　83〜85
長　如　83
澄　然　208, 209
長　善　210
長　諾　83, 184
潮　天　191, 192
長　道　211
潮　把　83, 86, 182
潮　波　86
長　波　10, 81, 182
潮　也　83, 86, 182
長　也　83
長　誉　45
潮　龍　182

辻善之助　33
筒井重三　87

貞　也　196
鉄　牛　142
鉄　心　25
典　海　194
天　海　9, 39, 59, 60, 62〜71, 73〜78
天　岌　83
伝　察　182
天　従　195
典　常　194, 195
天　随　191, 192
典　了　196, 197

土井利勝　10, 63, 64, 82, 84
道　春　55
道　楽　10, 81, 182
徳　翁　196
徳川家宣　149, 156
徳川家光　8, 9, 14, 15, 20, 26, 60, 63, 73, 78, 84, 85
徳川家康　1, 3, 14, 15, 17, 18, 21〜23, 26, 27, 29〜31, 35〜37, 61, 94, 153〜155
徳川綱重　148, 149, 156
徳川綱豊　149, 156
徳川綱吉　16, 148, 149, 156
徳川秀忠　17, 26, 38, 39, 41, 59
徳川光圀　27
徳川頼宣　75, 76, 78, 79
徳　充　196
徳　定　194
戸田氏定　122, 140, 141
戸田氏鉄　123, 141
戸田光永　135
豊田武　2, 33
豊臣秀吉　3, 154
鳥居忠救　25
呑　空　84, 85
呑　察　83
頓　秀　189
呑　随　185
曇　龍　191
呑　了　83

な　行

内藤政挙　178
中川清秀　98
中根正盛　63, 73
中野正明　179

中原（平田）職忠　　59, 78
南　　芸　　83

西池主膳　　62, 63
日　　栄　　43
日　　誉　　12, 35〜37, 40〜42, 45〜51

念　　海　　193
然　　教　　157, 189
念　　成　　195
念　　達　　197
然　　潮　　157, 189, 190
然　　誉　　137

野田秀雄　　176

は　　行

梅　　誉　　93
萩野由之　　72
白　　玄　　185, 187
白　　随　　187, 188
白　　貞　　187
羽田義次三郎　　152
林 董 一　　2

広瀬良弘　　2, 33

藤原資煕　　62
普　　談　　157, 189
文　　英　　195

弁　　栄　　126, 188
弁　　海　　65, 67, 78
弁　　弘　　126, 188
弁　　秀　　191
弁　　立　　192

法　　月　　192, 193
豊　　舟　　197
法　　然　　115, 116, 119
鳳　　誉　　93
保　　山　　141
細川光尚　　20
堀 親 昌　　165
堀 利 重　　10, 65, 66, 84
本多忠利　　70, 71
本多紀伊守　　201
本多忠常　　92
本多忠晴　　25
本多弾正　　199
本多正純　　36
盆　　龍　　83, 183
梵　　龍　　83, 183

ま　　行

松平右衛門助　　48
松平勝隆　　10, 84
松平信道　　11, 108
松平定信　　120
松平忠輝　　169, 170
松平輝和　　120
松平信綱　　64
松平信道　　161
松平正綱　　39, 40
満　　空　　192
万　　冏　　156
満　　冏　　196
万　　迪　　197
万　　無　　122, 130, 131, 133, 134
満　　誉　　106
万　　良　　87
万　　量　　81, 83, 86, 184
万　　霊　　83
満　　嶺　　83
満　　霊　　84, 85

水野忠直　　168, 169
密　　賢　　196
密　　厳　　164, 190, 191
三宅康男　　25

明　　賢　196, 198
明　　順　211
妙　　誉　164

無　　関　177
村山正栄　2, 173

木　　庵　24
門　　悦　84, 85
門　　周　156, 187
聞　　誉　93

や　行

柳原中納言　62

唯　　了　190
祐　　翁　196
祐　　海　194
祐　　月　164, 191
宥　　賢　43
宥　　厳　197, 198
宥　　秀　43
宥　　乗　43
祐　　長　14, 36, 37, 43
祐　　天　187
祐　　頓　199
宥　　鍐　40～42, 50, 54, 56
宥　　遍　43
勇　　誉　93
祐　　麟　81, 195

要　　山　192
要　　信　190
吉原浩人　179

ら　行

頼　　広　44
頼　　俊　44
頼　　尊　44
来　　誉　166

利　　山　83
利　　残　83
利　　天　169, 188, 189
隆　　尹　192
隆　　音　198
隆　　海　194
流　　厳　142
隆　　善　192
隆　　長　56
隆　　遂　195
隆　　典　198
龍　　繁　83, 186
良　　我　185, 200
了　　海　187
了　　廓　197
了　　学　10, 11, 81, 82, 86, 90, 182
了　　求　121, 122
了　　硯　157, 189
亮　　研　206
了　　山　192
亮　　純　61
良　　恕　62
良　　昌　44
良　　勝　125
了　　隨　83
亮　　瑞　212
了　　璇　192
良　　仙　44
良　　忠　98, 99, 106, 162
亮　　長　211
良　　長　186
了　　的　10, 81, 82, 182
亮　　迪　197
良　　典　196
亮　　伝　206
良　　然　8, 208, 213
了　　般　189
了般（尊誉）　158
了　　門　10, 81, 83, 182
了　　也　168, 185, 186

稟　考　211,212

霊　雲　187
霊　応　192
霊　鑑　187
霊　巌　92～94,98,105,132～134
霊　旭　187,198,199
霊　玄　144,185
麗　順　193
鈴　湛　211
麗　忍　195
鈴　然　210
鈴　明　211
霊　誉　152
歴　山　141
歴　天　185
蓮　意　83
璉　界　196
連　察　126,188,190
連　的　185,200

芦　江　83,183
呂　幸　83,183
芦　伯　83
露　伯　83
露　白　184

わ　行

脇坂安政　166
脇坂安元　165,166

②地　名

あ　行

相　川　101
会　津　107
粟　生　12, 98, 108, 120, 127, 128, 161
青　山　6
赤　坂　6
明　石　101
吾　妻　121
赤　堀　111
阿　岐　74
安　芸　102,160
秋　田　107
浅　草　5～7,14,15,18,31,63,106, 120
麻　布　5,24
遊　馬　111,113
愛　宕　4,12,35,39,40,173
足　立　71,105
安　土　99
安　保　44,52,53
尼　崎　97
有　馬　98
阿　波　100,160
安　房　105,160
淡　路　100,160
安　中　107,120
安　八　141

飯　田　99,106,162,164～167
飯　沼　106
飯　肥　103
飯　山　99,106,162
伊　賀　98,117,160
伊香立　99
壱　岐　103,160
伊　草　44
生　野　102
生　玉　97,117
池　上　5,97
池　田　92,93,97,127～134
石　井　98
石　津　141

伊　豆　4, 12, 21, 99, 104, 108, 109, 120, 160, 161
出　石　102
和　泉　97, 109, 110, 120, 160
出　雲　75, 76, 102, 160
出雲崎　101
伊　勢　6, 90, 98, 160
磯　壁　92
伊　那　164〜166
稲　毛　105
因　幡　102, 109, 160
茨　城　214
茨　木　98
揖　斐　143
今　治　100
伊　予　100, 160, 165
入　間　67
岩　城　107, 177, 178
岩　国　102, 125
岩　瀬　104
岩　槻　214
岩付（岩附）　44, 104, 110〜112
岩　淵　105, 120
石　見　102, 160
岩　村　144

上　田　100, 106, 162, 167, 168, 170, 171
植田谷　43
上　野　4, 8, 53, 72, 75, 82, 98, 99, 104, 107, 120, 132, 204
上野村　124
宇　治　5, 96
牛　込　4, 7, 18
羽　州　125
宇　多　97
内　里　96
宇都宮　107
鵜　木　105
浦ノ郷　104
浦　和　37, 38, 43
瓜　連　84, 85, 94, 106
宇和島　100
雲　州　75

蝦夷地　107
荏　田　105
越　後　6, 12, 27, 101, 107〜109, 160, 161, 165
越　前　5, 21, 100, 142, 160
越　中　100, 109, 114, 115, 160
江　戸　1〜8, 12〜16, 18〜24, 26〜33, 35, 36, 38〜42, 46, 50, 52〜54, 63, 91, 106, 120, 149, 151, 172, 178, 181, 199, 203
江戸崎　60, 61, 94, 106
江戸城　59, 61
江戸府外　21

王　子　4
近　江　4, 99, 120, 123, 160
青　梅　5
大　網　105
大　分　93
大　垣　99, 122〜124, 139〜141
大久野　44
大　坂　39, 116, 117
大相模　45, 111, 113
大　沢　107
大　洲　100
大　隅　103, 160
大　田　102
大　谷　28
大　津　99, 116, 120, 154
大　場　111
大　幡　44
大　原　96
大　村　103, 168
大　山　4, 39
岡　崎　98, 104, 107

岡崎新田　121
岡　本　99
岡　山　101
小　川　214
隠　岐　102, 160
奥　沢　104
奥平野　97
桶　川　36
越　生　5, 43
忍　43
小田原　104, 117, 118
落　合　144
音　羽　7
小　野　74, 75
小野原　127, 128
尾　道　101
小　浜　100
御　牧　96
生　実　106
折　立　143
尾　張　2, 98, 117, 154, 160

か　行

甲　斐　12, 104, 108, 144, 145, 147, 148, 150, 151, 153, 154, 158～161
貝　掛　97, 110
加　賀　100, 114, 115, 160
加　倉　111
鬫真間　105
鹿児島　103
葛　西　105, 120
笠　岡　101
加作木　103
笠　間　111
上　総　105, 160
片　山　105
勝　山　142
桂　97
門　屋　143
香　取　41
神奈川　105
金　沢　100, 115
兼　山　144
加　納　135, 143
鏑　木　106
嘉兵衛　104
蒲　104
鎌　倉　4, 60, 104, 152, 214
上　方　30, 32, 33, 57
上　京　96, 117
上花山　96
上平野　113
上武蔵　53
加　村　43
亀　田　107, 125, 126
亀　山　90, 91, 98, 102
萱　野　127～129, 132
唐　津　103
川　口　72, 105
河　越　84
川　越　67, 99, 104, 214
川　崎　105
河　内　97, 160
河　辺　92, 93
川　辺　130, 131
河　原　96
関　西　92
神　田　15
関　東　3, 12, 14, 16, 19, 20, 23, 27, 28, 30, 36～38, 45, 47, 49, 51, 52, 54, 57, 59, 92, 94, 109, 110, 114, 117, 124
観音寺　102
関八州　12, 108, 161
神　戸　96, 98

紀　伊　4, 76, 100, 117, 160
寄　西　43
騎　西　111
木更津　105
紀　州　75

岸和田　97, 110
北　方　143
北　沢　104
北野千本　39
杵　築　103
岐　阜　99, 121, 122, 124, 134, 136～138, 140, 142, 143, 154
京　19, 27, 177
京　都　3～7, 12, 13, 18, 26, 28, 30～32, 39, 45, 47, 57, 59, 62, 65, 90, 96, 108, 117, 122, 124, 125, 132～134, 142, 154, 173
行　徳　105
銀　山　102

草　津　99
郡　上　144
熊　谷　105
倉　敷　101
倉　田　14, 36～38, 43, 52, 54
栗　崎　44
久留米　103
黒　井　102
黒　子　8, 61
黒　野　143
桑　名　98
群　馬　66

外　院　127, 128

子(古)千谷　113
小明見　151, 152
小石川　24, 106
幸阿弥谷　97
甲　州　148, 150～152, 154, 157, 158
江　州　141
上　野　48, 160
神　足　96
高　知　100
鴻　巣　43, 104
国府台　5
甲　府　104, 147～149, 151～156, 158
高野山　4, 14, 15
甲　陽　156
郡　山　97, 116
古　河　123, 142
小　金　5, 106
国　府　98
小　倉　102
小　坂　66, 67
越　谷　45, 105, 111
小敷谷　111
小　平　45
小　机　105
五　島　103
木　幡　96
小日向　5
古府中　155
御府内　19, 22, 23
高　麗　43
駒　込　6
小　松　100
小松川　105
駒　場　100, 107, 162～164
小　諸　99, 107, 162, 167, 168

さ　行

西　条　100, 101
埼　玉　214
佐　賀　103
堺　97, 110, 116, 154
肴　町　162, 163
相　模　4, 39, 104, 160
佐　倉　106
桜　田　6
笹　山　102
幸　手　111, 113
薩　摩　103, 160
佐　渡　101, 117, 160

里　方　101
佐土原　103
讃　岐　100, 117, 160
佐　野　97, 110
猿　江　15
参　州　201
三州瀧　72
三　条　101
山　王　172, 203, 204
三波川　44

塩　川　167, 168
信　楽　99
下　谷　5, 6, 120
志　垂　67
拾石峠　144
品　川　5, 6, 20
信　濃　12, 99, 106, 108, 109, 148, 153, 159〜162, 165, 170, 171, 179
芝　4, 6, 18, 71
芝切通　4
新発田　101
志　摩　98, 160
島　96
嶋　下　127, 128
下　京　96, 117
下児玉　44
下小堀　106
下　条　101
下高輪　111
下　野　5, 21, 22, 53, 107, 160
下　妻　39
下寺町　97, 117
下　総　5, 18, 21, 41, 106, 123, 142, 160
常　州　52, 55
濃　州　138, 141, 142
庄　内　107, 111
菖　蒲　43
白　井　107, 121
白　子　98
白　金　4, 5, 14
白之嶋　127, 128
信　州　156, 164, 167〜169, 171
新府中　155

推　津　105
周　防　102, 125, 160, 176, 177
勝　呂　43
朱　雀　97
須　本　100
駿　河　12, 21, 99, 104, 108, 109, 117, 154, 160, 161, 173
諏　訪　100, 107, 162, 169, 170
駿　州　40, 152
駿　府　14, 18, 30, 31, 36, 37, 39, 104

関　144
関　城　214
関　宿　142
膳　所　99, 123, 141
摂　州　128, 130
摂　津　92, 97, 120, 126, 127, 131, 134, 160
世良田　69, 76, 77
仙　台　60, 61, 205, 213
千駄木　9, 172, 173, 203, 204
仙　波　72

草　加　111
相　馬　18, 107
園　部　102

た　行

醍　醐　6, 13, 41, 57, 96
当　麻　92, 97
平　107, 177, 178
高　尾　55
高　岡　100
高　崎　107, 120, 121

高　　須　99, 122～124, 139, 141, 142
高　　田　101, 107
高　　槻　98
高　　遠　100, 106, 162
高　　鍋　103
高　　埜　18
高　　幡　44
高　　松　100
高　　山　99
瀧　　山　84, 104
但　　馬　102, 160
多　　田　93, 98, 127～134
館　　林　84, 107
多　　麻　16
玉　　縄　104
丹　　後　102, 160
丹　　波　102, 160

筑　　後　103, 109, 117, 160
筑　　前　103, 160
筑　　摩　168
茅　　野　131
千　　葉　106
帖　　佐　103
鎮　　西　125

津　98
都　　賀　22
津　　川　107
築　　地　6, 31
筑 波 山　51, 52
対　　馬　103, 160
椿　　村　113
燕　　町　101
妻　　恋　18
都　　留　152

寺　　村　102
寺　　山　111
出　　羽　12, 107, 108, 126, 160, 161

天　　満　97, 117

東　　海　21
東　　京　173
島　　後　102
東　　国　19
島　　前　102
塔 之 沢　104
遠　　江　5, 7, 12, 21, 98, 104, 108, 109, 160, 161
都 幾 川　214
徳　　島　100
土　　佐　100, 160
豊　　嶋　127, 128, 130, 131
戸　　田　105
鳥　　取　97, 102, 110, 120
舎　　人　111
鳥　　羽　96, 98
富　　田　5
富　　山　100
豊　　岡　102
鳥　　原　98
富 田 林　97

な　　行

長　　井　51
長　　岡　101
中　　郡　104
長　　崎　103
中　　嶋　44
中 地 蔵　98
中　　宿　20
中　　庄　97, 110
中 津 川　144
長　　門　102, 160, 176, 177
中　　野　37, 52, 54
長　　野　43
中 之 郷　104
中 之 条　107
長　　宮　111

中　　村　102
中　　山　6
名　　越　107
名 古 屋　98
七　　尾　100
楢　　葉　107
成　　木　44
南　　都　97, 107, 116

新　　潟　101
西 新 井　37, 45, 52, 54
西 久 保　106
西　　山　96
日　　光　40, 63, 70, 72, 73, 214
新　　田　107
二 本 榎　4, 5

沼 島 浦　100

能　　勢　130, 131
能　　登　100, 114, 115, 117, 160
延　　岡　103, 177, 178

は　　行

萩　102, 177
箱　　作　97, 110
箱　　根　4, 38, 39
初　　瀬　97
八 町 堀　64
八 丁 目　97, 117
花　　熊　98
埴　　科　163
羽　　生　43
浜　　町　28
浜　　松　154
針 賀 野　44
播　　磨　101, 160
春　　木　97, 110
播　　州　166
比 叡 山　59
東 河 原　97
東　　谷　75
東 松 山　214
東 谷 中　27
比　　企　214
肥　　後　103, 109, 160
彦　　根　99
肥　　前　103, 160
備　　前　101, 160
飛　　騨　99, 117, 160
常　　陸　52～54, 85, 94, 106, 160
備　　中　101, 160
日　　野　99
姫　　路　101
日　　向　103, 160, 177
兵　　庫　97, 120
平　　方　105
枚　　方　97
平　　戸　103
平　　野　111
広　　島　102
広　　瀬　96
備　　後　101, 160

府　　外　30
深　　川　5, 25, 106, 120
深谷蓮沼　44
府　　川　68
吹　　上　100
福　　井　100
福　　岡　103
福 知 山　102
福　　山　101
福 良 浦　100
冨　　士　65, 66
藤　　沢　5
伏　　見　18, 96, 116, 117
武　　州　40, 51, 55, 71
豊　　前　102, 160

二　　保　104
淵　　江　111
府　　中　44, 99, 103, 144, 148
富　　津　105
府　　内　30, 93, 103
船　　橋　105
豊　　後　93, 103, 160

伯　　耆　102, 109, 160
北　　条　105
坊 之 嶋　127, 128
保 木 間　113
本　　所　4, 6, 12, 15, 35, 106, 173
本　　庄　107

ま　行

舞　　村　97, 110
真　　壁　54, 55, 214
牧　　村　102
増　　林　105
松　　江　102
松　　坂　98
松　　城　163
松　　代　99, 106, 162, 163, 167
松　　平　98, 104
松　　前　107
松　　本　99, 107, 162, 167〜169
松　　山　100
間 々 田　44
馬　　室　43
丸　　山　6, 27

三　　河　12, 21, 98, 104, 108, 109, 119, 120, 135, 160, 161, 200
三　　木　101
三　　崎　106
三　　島　99, 104, 120
水　　口　99
三　　田　5, 24, 44, 120
御　　津　98, 104, 118
水　　戸　6, 27, 38
皆　　川　22
南草賀(加)　113
南　　谷　59
南 本 所　15
三 根 山　101
美　　濃　99, 121〜125, 134〜137, 139, 140, 142, 160, 172
箕　　田　43
身　　延　5, 26, 27
三　　原　101
三 保 谷　44
美　　作　101, 160
美 々 津　103
宮　　城　111
宮　　津　102
三　　次　101
三　　輪　39, 97

武　　蔵　4, 5, 13, 21, 36, 37, 42, 45, 47, 48, 52, 69, 99, 104, 120, 160
陸　　奥　12, 107, 108, 160, 161
村　　上　101, 107
村　　松　101

目　　黒　106

百　　間　36, 111

や　行

谷 古 田　111, 113
矢　　嶋　134
八　　代　150
谷　　中　5, 6
矢　　橋　99
山　　形　51
山　　口　102, 125, 176, 177
山　　崎　96
山　　下　132
山　　科　96

山　　城　96,160
山　　田　98,105
大　　和　4,39,97,160
山之手　120
八　　幡　96,99

結　　城　106
湯　　島　35,173
湯　　嶋　4,7,12,14,18
湯　　船　96
夢　　野　97
由利本荘　126

横　　内　92
横　　沢　44
吉　　田　98,104
吉　　見　13,35,42,45
四　　谷　24

淀　96
米　　沢　107
与　　野　43,105

ら～わ

洛　　東　173

龍　　崎　74

列　　卒　152

六ヶ村　105
六呂見　98

和歌浦　75
若　　狭　100,117,160
和　　州　92,173
蕨　43,52

③寺社名

あ　行

愛染院　44
閼伽井坊　36
阿弥陀院　96
阿弥陀寺　92,104,127,128
阿弥陀寺(大原)　96
阿弥陀寺(山科)　96
安国寺　107,111,112,120,179
安穏寺　74
安養院　67, 68, 96, 104, 187, 188, 194,195
安養寺　93, 98, 103, 127, 128, 130～134
安楽寺　101

医王寺　144
一月寺　5,31
一行寺　111,113
一山寺　101
一乗院　38
一心院　160
一心寺　101

雲蓋院　9,73～76,78,206
運正寺　100
雲晴院　196

永徳院　96
永平寺　5,21
栄涼寺　101
恵恩院　8,208～211
恵光院　167,168
円覚院　205～208,210～213
円光寺　18
円山寺　101
円珠院　207
円乗院　43

円 常 寺　99
円 心 寺　99, 122～124, 139, 141, 142
縁 心 寺　99
円 泉 寺　74
円 通 寺　94, 122～124, 139～142
円通寺(秋田)　107
円通寺(大垣)　99
円通寺(大沢)　107
円通寺(岡本)　99
円 応 寺　103
円 福 寺　4, 12, 13, 31, 35, 37～43, 50～52, 55, 56, 103, 108
円福寺(京都)　161
円福寺(東京)　173
延 暦 寺　4

応 源 寺　96
往 生 院　101
奥　院　97

か　行

海 岸 寺　103
戒 善 院　207
海 禅 寺　5, 18, 19, 31
海 福 寺　5, 25, 31
花 岳 院　191, 192, 198
鰐 淵 寺　75
覚 王 院　8, 203, 207～213
覚 音 坊　66, 67
梶　井　72, 73
可 睡 斎　5, 7, 21
鴨 江 寺　154
寛 永 寺　3, 4, 8, 9, 31, 67, 173, 174, 203
願 行 院　96
願 行 寺　99, 162, 162, 171
願行寺(上田)　106
願行寺(松代)　106
寒 松 院　65, 67, 78
灌 頂 院　214
願 生 寺　127, 128
願成就院　107
願 成 寺　98, 99, 103
観 智 院　126, 164, 171, 188～191, 193, 194
願 王 院　204, 207～210
観 音 寺　91, 174
観音寺(神戸)　98
観音寺(六呂見)　98
観 理 院　172, 173, 203, 204, 206
甘 露 寺　93, 97, 98, 127, 128, 130, 131, 133, 134

喜 多 院　62, 74, 214
吉 祥 院　43, 44, 53
吉 祥 寺　104
帰 命 院　138
久 昌 寺　6, 27
教 安 寺　105, 144～146, 149, 150
行 基 寺　99, 124, 142
教 存 寺　111, 113
教 伝 寺　102
玉 翁 院　102
玉 蔵 院　37, 38, 43
旭 蓮 社　97, 109, 110

空 也 寺　103
久 遠 寺　5, 26, 27
久遠寿院　9, 77
弘 願 寺　100
弘経寺(飯沼)　106
弘経寺(大鹿)　106
弘経寺(結城)　106
九 勝 院　119
功 徳 院　208, 210, 211

慶 安 寺　102, 109
慶 印 寺　6, 31
慶 運 寺　98, 105
花 階 寺　116

慶恩寺　97
鶏足寺　57
慶林寺　166
花台寺　96
月界院　170, 189, 192～196, 198
月光院　87, 169, 184, 186, 187
月照寺　102
月崇寺　111
傑岑寺　22
源空寺　107, 121
元光院　74
源光院　137, 138, 146～148
源興院　10, 81, 86, 150, 182, 185～187, 191, 197, 198
玄向寺　107, 162, 168, 169
還国寺　100
源証寺　111
源心寺　105
玄忠寺　98, 101
源法寺　105
見明院　206
源流院　195, 198
現龍院　206

小池坊　173
功運寺　24
光学院　195
光岳寺　99, 107, 162, 167, 168
高巌寺　107
高月院　98, 103, 104, 120
弘光寺　44
興山寺　14
高樹院　138
光照院　173
高照院　45
光照寺　111
光専寺　104
興善寺　116
光善寺　107
光台院　37
光度院　187, 195, 200, 197
光忠寺　102
光伝寺　97
高徳院　102
光徳寺　44, 107, 130
興仁寺　107
光福寺　97
高福寺　144
光明寺　12, 97, 105, 106, 108, 110
光明寺（粟生）　161
光明寺（明石）　101
光明寺（鎌倉）　104, 152
光明寺（三木）　101
高野山　3, 7, 32, 39
幸竜寺　5, 26, 31
光林寺　96
光琳寺　107
極楽寺　97, 98, 100, 107
極楽寺（河原）　96
極楽寺（三条）　101
極楽寺（西山）　96
極楽寺（三原）　101
護国院　7, 65, 72, 78, 79
護持院　2, 35
悟真寺　98, 104
護念院　97
護法院　207
小松寺　43
金戒光明寺　12, 95, 108, 124, 125, 142, 159, 160, 161
金剛院　42, 44～50
金剛王院　4, 16, 31, 39
金光寺　102
金剛寺　44
金剛寿院　8, 9, 62, 75, 77
根生院　4, 14, 31, 173～175
金乗院　44
欣浄寺　98, 143
金蔵寺　63, 64, 105
金蔵坊　64

金台寺　105
金地院　1, 3, 4, 7, 9, 13, 17, 18, 29, 31, 35, 41
金輪寺　4, 31

さ　行

西運寺　143
西園寺　119
西岸寺　97
西願寺　96, 111, 113
最教院　9, 59～75, 77, 78, 203, 206
西教寺　99, 106, 162, 163, 165, 166
西光庵　97, 143
西向庵　97
西光院　36, 175
西光寺　92, 93, 97, 99, 100, 111, 113, 117, 130～134
済松寺　7
最乗寺　24
西蔵坊　69
西伝寺　104
西徳寺　6, 28, 31
西念寺　98, 105, 162, 163
西福寺　44, 96, 97, 105, 110
西方院　101
西方寺　97, 111, 135, 143
西方寺（内里）　96
西方寺（醍醐）　96
西門寺　111
桜本坊　59, 60
三学院　43, 52
三光寺　101
山上庵　143
三勝寺　101
山王　64
山王社　60
三福寺　177
三宝院　6, 13, 36, 37, 40, 41, 51～53
山門　60
紫雲庵　92
慈雲院　207
慈恩寺　214
慈光寺　69
地蔵院　97, 97
実相院　102, 125
持明院　43
甚目寺　154
寂光院　66, 67
寂照寺　98
住心院　205～213
修繕庵　103
寿栄寺　100
樹敬寺　98
寿光院　105, 184, 185, 187, 200
寿仙庵　102
春了寺　167～169
生安寺　99, 162, 168, 169
浄安寺　111, 112
浄運院　10, 81, 86, 182, 188, 189, 192, 193, 196
浄運寺　119, 126
勝永寺　100
勝円寺　119, 137
性翁寺　111
松応寺　98, 104, 119, 120
浄往寺　111, 113
浄音寺　111～113, 144
正覚寺　43, 101
勝厳院　119
勝願寺　104, 107
浄閑寺　105
浄願寺　100, 117
正観坊　68
浄久寺　100, 107, 162～165, 169
常行院　171, 184, 185, 193, 196, 200
承教寺　5, 31
正行寺　107
浄華院　12, 91, 95, 100, 108, 159～161

松源院　100
松源寺　4, 18, 19, 31
照源寺　98
浄源寺　104
聖護院　6, 36
照高院　36
正光寺　105
常光寺　66, 67
浄興寺　105, 150～152, 155, 157, 158
浄光寺　214
相国寺　17
浄国寺　102, 104, 110, 111, 113, 114, 127, 129
荘厳院　4, 16, 31
浄厳院　99
正授院　101
常照院　87, 184, 196, 198, 206
常称院　91, 119, 137, 139, 140, 168
清浄院　105, 155
清浄光寺　5
常勝寺　43
浄性寺　144
浄勝寺　105
正定寺(唐津)　103
正定寺(佐賀)　103
成身院　37, 40, 45
昌泉院　195, 197
浄泉寺　101
浄心寺　105
浄真寺　104
上善寺　97, 110
常善寺　99
浄泰寺　103
浄智寺　100
聖天院　43
浄土寺　93, 103
成徳寺　107
昌念寺　102
称念寺　6, 31
正念寺　107, 125, 126, 155
常念寺　96, 102, 103, 176, 177
正福寺　113
聖福寺　111
常福寺　84, 85, 94, 105, 106, 113
浄福寺　106, 130
定福寺　101
成仏寺　105
上品蓮台寺　39
称名寺　93, 100, 102, 132～134
勝輪寺　44
小林寺　111
少林寺　103
城林寺　59, 62
常林寺　130
浄林寺　99, 111, 162, 168, 169
浄蓮寺　104
真覚院　204, 208, 210～213
森巌寺　99, 104
心行寺　105
信行寺　101
信楽寺　102
新黒谷　91
信解院　205～209, 211～213
心光寺　100, 101, 111, 117
真光寺　71, 72, 79
信光明寺　98, 104, 119, 120
信重院　138
深正院　97
新善光寺　107, 151
新知恩院　99
真如院　9, 75, 76, 78
真福寺　4, 12, 13, 31, 35, 37, 38, 42, 50～52, 54, 56, 173～175

瑞安寺　105
瑞聖寺　5, 24, 25, 31
瑞泉寺　144～146, 149, 150, 158
瑞泰寺　102
瑞林寺　5, 31
瑞輪寺　26

清雲院　98
清岸寺　105
清巌寺　152
誓願寺　2, 12, 10, 81, 99, 101, 103, 106～108, 120, 134, 135, 144～146, 149, 150, 161, 175, 182, 200
清見寺　107, 121
清光院　157, 189～192
清光寺　106, 106
誓光寺　101
青松寺　5, 22～31
誓念寺　103
世尊院　9, 172, 173, 203, 204
清滝寺　104, 127, 128
仙岳院　61, 205, 213
泉岳寺　5, 23, 24, 31
全学寺　111, 113
先求院　137, 142
善光寺　107, 145, 147, 149～152, 155
善光寺(甲府)　104, 144, 153, 155～157, 159
善光寺(信濃)　153
泉谷寺　105
千手院　92
専修寺　6, 103
専称寺　100, 105, 130, 137
専称寺(岩城)　107
専称寺(米沢)　107
善昌寺　107, 177, 178
善生寺　102, 125, 176, 177
善照寺　105
全政寺　101
善想寺　138
泉沢寺　105
選択寺　105
全棟寺　111, 113
善導寺　84, 85, 90, 91, 96, 98, 100, 101, 103, 109, 117, 119, 121
善導寺(吾妻)　107
善導寺(館林)　107
専念寺　97, 102, 103, 138
千妙寺　8, 61, 62, 72, 73, 214
善立寺　5, 26, 31, 102
禅林寺　12, 108, 161

宗延寺　5, 26, 31
倉常寺　113
総泉寺　5, 23
相応寺　98, 117
宗現庵　155
宗源寺　104
双厳院　9, 59, 65～73, 75～78, 206
惣持寺　37, 44, 45, 52, 54
総持寺　24
倉常寺　111
増上寺　3, 4, 9～12, 31, 34, 81, 82, 84～90, 92, 94, 95, 104～113, 115, 117, 118, 120, 125, 126, 133, 135, 141, 145, 147～150, 152, 156～162, 164～166, 168～172, 174～176, 181, 199, 200
総泉寺　22, 24, 31
総寧寺　5, 21, 23, 24, 31
宗念寺　103
宗福寺　97, 102, 110
宗本寺　107, 121
宗林寺　5, 26, 31
宗蓮寺　111
崇蓮寺　97
息障院　42, 45～50, 57
尊躰寺　144～146, 149, 150

た　行

泰安寺　101
大雲院　130
大英寺　99, 106, 111, 162, 163, 167
大恩寺　98, 104, 118, 119
大音寺　103
大覚寺　107, 121
大巌院　105

大巌寺　102,105,106,113
大願寺　102
台鏡寺　97
大教坊　65
大護院　7
大光院　107
大光寺　97,110,113
醍醐寺　4
大樹寺　98,104,119,120
大乗院　6,31
大聖寺　45,99,104
大乗寺　6,27,31,105
大信寺　107,120,121
大泉寺　107,107,120,144
大善寺　84,85,98,104,105,117
大善寺（新発田）　101
大善寺（三原）　101
泰叟寺　101
大智寺　43,100,117
袋中庵　96
大中寺　5,21～24,31
大長寺　104
大超寺　100
大頂寺　102
大洞院　21
大徳院　4,15
大徳寺　5,99,105
大督寺　107
大念寺　94,96,101,106
大洞院　5
大雄山　18
大雄寺　99,117
大龍寺　150
大林寺　100
大蓮寺　100,104,105
瀧山寺　72
誕生寺　101

智恵光院　137
知恩院　4,11,12,90～98,100～104,106～109,111～113,115,116,120,122～125,127～129,131,132,134～137,139,141～143,145,146,148,151,152,157,159～165,168,170,171,176,177
知恩寺　12,95,111,159,160,161
竹林坊　66,70
智積院　4,12,13,35～37,40～42,45～51,57,173
知足院　4,12～14,35,37～39,42,45,46,49～53,55～57
池徳院　188,188,196
忠恩寺　99,106,162
忠岸院　119
中禅寺　63
中尊寺　205
仲台院　105
長安寺　103
澄円寺　111
長円寺　99
長応寺　6,27,31
長恩寺　101,107
長久寺　43,46,57,175
長源寺　143
長香寺　138
超勝院　119
超勝寺　143
長昌寺　103
長政寺　143
長泉院　106
澄泉寺　6,31
超善寺　97,110,116
長伝寺　105
長徳寺　71,72
長念寺　167
長福寺　97,214
長福寺（湯船）　96
長福寺（湯屋谷）　96
長明寺　162,163
長楽寺　69,76,79

辻之坊　65

貞松院　100, 107, 149, 162, 169, 170, 186
貞宗寺　104
呈蓮寺　106, 162, 171
天嶽寺　105
天暁院　22, 24
天光院　10, 81, 182
天性寺　130, 163
天沢寺　130, 134
天長寺　96
伝通院　106, 120, 156, 175
天徳寺　106, 120, 175
天然寺　98, 107
伝法院　207
天陽院　157, 168, 186, 187, 189, 190, 198
天曜寺　75, 76
天竜寺　24

東叡山　8, 60, 64, 72, 75, 76, 78
道永寺　102
東海寺　5, 9, 20, 31
東　寺　4
東照宮　60, 61, 73
東漸院　204
東漸寺　106
東禅寺　4, 18, 19, 31
洞泉寺　144
東大寺　96
東福寺　97
当福寺　200
洞林寺　101
独唱院　24
徳正寺　101
徳水院　146～148, 185, 186
徳林院　136, 139, 140, 168

な　行

中　院　67, 68, 74
南光坊　62, 78
南禅寺　17
南蓮寺　104

西本願寺　6
日輪寺　5, 15, 31
日光院　75
日光山　60, 65
如意輪院　173
如来院　97
如来寺　100, 107, 115
仁和寺　4

念仏院　92, 97
念仏寺　96, 117
念仏寺（有馬）　98
念仏寺（上野）　98

能護寺　44

は　行

梅相院　102
梅林寺　98
柏心寺　99, 106, 162, 163, 165, 166
長谷寺　4, 24, 39, 54
八大坊　4, 31, 39
幡随院　106, 120
般若院　4, 16, 31, 74
幡龍寺　106

比叡山　75
日吉社　60
東本願寺　6
毘（毗）沙門堂　9, 60, 61, 71～74, 78
氷室大明神　71, 72
百万遍（知恩寺）　91
平等院　96

福応寺　96
福王子　96
福徳寺　98
不断光院　103
仏光寺　6,28
仏頂院　204,205,207,210,211,213
不動院　60,61
普門寺　55

平源寺　111,113
遍照院　39,43
遍照寺　51,97,110,116

法雲寺　99
法円寺　143
法音寺　103
報恩院　57
報恩寺　43,101
法園寺　92,93,97,127～134
法恩寺　6,26,29,31,177
宝戒寺　60,214
法界寺　101,111,117
鳳閣寺　6,31,34
方広寺　154
峯高寺　99,102,106,162,163,165,166
宝樹院　143
法鷲寺　102
法住寺　106
宝寿坊　69
宝性院　15
宝生寺　44
報身寺　100
宝仙寺　54
宝泉寺　37,52
法泉寺　92,96,130
芳泉寺　100,106,162,167,170,171
逢善寺　74,75
法蔵院　54
宝蔵寺　52～54
法蔵寺　101
宝台院　99,104,117
法台寺　105
法伝寺　96,105
宝幢寺　100,117
法徳院　136
法蓮寺　111
法華経寺　6
菩提寺　71,102
法華堂　75
保徳院　139,140,168
本覚院　9,59,60,62,75,77
本願寺　6,7,31,32
本光寺　6,26
本国寺　5,26,27,31
本照院　9,77,78
本成寺　6,27
本誓寺　10,81,99,103,121～124,134～137,139,140,143,182
本善寺　100
本妙寺　6,27,31
本門寺　5,26

ま　行

万願寺　97,110
満光寺　100,106,162
曼殊院　62,63
万蔵庵　76,77
万年寺　151,152
万福寺　5,97,110

身延山　26
妙解院　62,75
妙慶院　102
妙光院　44
妙国寺　6,26,31
明星院　14,36～38,43,51,52,54
明静院　206
妙心寺　4,18,19,65
妙法院　60

妙法寺　6, 26, 31
妙満寺　6
弥勒寺　4, 12, 13, 31, 35, 37, 38, 40～42, 44, 50～52, 54, 56, 173, 174

無量寺　36, 96, 102, 104
無量寿院　15

紅葉山　61
文殊院　14, 15, 48

や　行

薬王院　55

唯心寺　96
唯念寺　6, 31
有喜寺　55, 56
熊谷寺　105
有勝寺　44
融通寺　107
祐天寺　106

養命坊　39
欲生寺　155

ら　行

来迎院　92
来迎寺　99, 102, 109, 144～146, 149, 150, 162, 163, 165～167
来迎寺（飯田）　106
来迎寺（今治）　100
来迎寺（千葉）　106
来迎寺（富山）　100
楽法寺　55

理安寺　98
理照寺　127, 128
龍王院　208, 210～212
竜穏寺　5, 21, 23, 24, 31
龍巖寺　97
竜花院　43
立源寺　150
龍厳寺　116
竜珠院　43
隆崇院　144, 189, 192
竜泰寺　24
楞伽院　207, 210, 212, 213
良源院　164, 187, 188, 190, 191
良正院　92
良心寺　104
霊山院　208, 209, 213, 214
霊山寺　98, 106, 120
良善寺　107, 177
良雄院　170, 189, 193～195
林光寺　99
林西寺　105
林松院　185, 192
麟祥寺　7
隣松寺　104
林泉寺　105
林台寺　43
輪王寺　70, 71, 203, 214

霊雲寺　3, 4, 16, 17, 31
霊巌寺　98, 106, 120, 175
鈴法寺　5, 31
蓮馨寺　84, 85, 99, 104
蓮台寺　96

朗惺寺　5, 26, 31

④史料・文献名

あ　　行

秋田文書　184,185
麻布寺社書上　21
愛宕下寺社書上　23

維新日乗纂輯　214
田舎檀林江新附之寺院覚　111,112
印度学仏教学研究　179

上野寛永寺執当譜　203,204,206
牛込寺社書上　18

江戸時代洞門政要　2
縁山志　81

大谷本願寺通紀　28,34
御霊屋諸式新御改御定書　88
小田原門中定書　117

か　　行

甲斐国寺記　148,155
改訂増補日本宗教制度史　2
寛永日記　20
寛永本末帳　111,112
幹事便覧　10,81,82,84,86,181,182,198,199
灌頂院文書　208,214
灌頂法物等定書　79
関東新義真言宗法度　36
関東真言宗新義本末寺帳　45,56
関東八州真言宗留書　48
寛明記　9

義演准后日記　13,37,38,40
義観戊辰日記　212,214
喜多院旧蔵文書　60
喜多院日鑑　34,172,203,209～214
規約類聚　117,125,168～170,187
堯恕日記　206,207,213
近世関東仏教教団史の研究　33
近世寺院史料叢書　213
近世浄土宗史の研究　110,114,179
近世新義真言宗史の研究　35
近世仏教の諸問題　33

結網集　56
憲教類典　2
元禄由緒書　96,97,99～107,159

甲府善光寺文書　179
甲陽軍鑑　156
五山十刹諸山諸法度　17
御日記　10, 11, 82, 85～87, 182～187,200
小日向寺社書上　21
御府内・御府外御末山触下寺院取次御礼金控　120
駒込寺社書上　27

さ　　行

最教院文書　63,65
三宝院文書　48

慈恩寺文書　211,214
慈眼大師全集　71
祠曹雑識　8,25,34,179
下谷寺社書上　26,28
執当譜　8,77,78,203,206,212,213
執当部屋日記　214
芝寺社書上　19,23
注連祓法度　38
四役者印鑑帳　181,195～199
終南山光明院善導寺記録之写　90

修験道法度　36
浄光寺文書　206,214
浄国寺日鑑　190
浄土宗史　2
浄土宗寺院台帳　109
浄土宗寺院由緒書　95,109,110,114,115,141,144,148,152,155
浄土宗全書　2
浄土宗鎮西流触頭簿　115
諸寺院江被仰出候掟書　2
諸宗階級　2,7,33
諸宗寺院下知状　30
諸宗寺院法度　30,37
諸宗末寺帳　34,90
諸宗末寺法度　23
諸 条 目　10,87
諸檀林幷壱七箇国触頭寺院連名帳　95,159
諸本寺廻状　42
史料纂集　214
白金寺社書上　14,24
新義真言法度　36
真言宗法度　37
真言諸法度　37
真言密教成立過程の研究　2,12,35
真宗教団の組織と制度　2

関城町史　214
仙岳院日記　206,210～213
仙岳院文書　61,207,208,213
善光寺記録　144,147,149,150,153,158
善光寺文書　153,154,156,157
浅草寺社書上　18,22
浅草寺日記　204,208～214
千妙寺世代譜　59
千妙寺文書　62,209,214

総持寺史　2,34
総持寺誌　2
増上寺史料集　178,179
増上寺月番日鑑　200
増上寺日鑑　175～177
増上寺文化財目録　178,179
増上寺文書　187
曹洞宗教団史　2
曹洞宗研究員研究生研究紀要　33
息障院文書　13,35,51
続神道体系　59
続々群書類従　33

た　行

大恩寺文書　184
大日本近世史料　34,90
大日本仏教全書　8,77,203,213
高輪台町伊皿子辺寺社書上　27
高輪二本榎通寺社書上　15

知恩院古記録抜萃　186
知恩院書翰　187,198
知恩院史料集　92,93,95,114,115,125,151,198,199
知恩院日鑑　114,140,162,165,167,187,199
智積院史　2,173
智積院日鑑　174,178
虫余一得　7
長福寺文書　208,214
長楽寺灌頂法物等定書　69

月 番 記　174
月番日鑑　189,191～195,197,198
月番日鑑目録　191,192

天下曹洞宗法度　21
天下僧録牒　21
天台宗年表　206,208,213

東叡山寛永寺子院歴代主僧記　59
東叡山寛永寺子院歴代年譜　75

東叡山真如院歴代伝　75
東京市史稿　33
当山方修験法度　52,53
徳川実紀　82,206～209,213
徳川林政史研究所『研究紀要』　33

な　行

内閣文庫所蔵史籍叢刊　33

日光執当日記　208～212,214
日本史籍協会叢書　214
日本宗教制度史の研究　2,33
日本禅宗史論集　34
日本仏教史　33
日本法制史概説　2

年中行事之覚　84
年中行事　185

は　行

萩野由之氏所蔵文書　61

深川寺社書上　25
仏教史研究　33,35
文政寺社書上　34
宝戒寺文書　207～209,214
逢善寺末寺座配定　74
本覚院歴代記　59,60
本光国師日記　12,34,35,36,39,41,46,55
本郷寺社書上　27
本所寺社書上　15,26
本誓寺文書　134,135,179

ま　行

末山触頭牒　95,159

三田寺社書上　22
妙法院日次記　207,208,214

明治浄土宗史の研究　176

や ～ わ

湯嶋寺社書上　16,34
霊山院文書　212,214
歴世宗主伝　28,34

鹿苑日録　20

和州豊山長谷寺古今雑録　54

⑤事　　項

あ　行

秋田県立図書館　200
浅草筋　106
扱　人　133
扱証文　132
尼　寺　96

飯田三ヶ寺　165
飯田四ケ寺　163,165
一宗追放　45,48,49
一致派　3,26,27
田　舎　175
田舎檀林　112,113
位牌所　148,149
岩淵筋　105
印　可　40,52
印可状　53
隠　居　112
院　家　3,9,60,62,78,203,204
院家成　63
院　室　60
蔭凉職　17

上野執当　67～69,74,75,90
上野執当職　73
上野役者　8
乳　　母　39

叡山文庫　59,75
江戸四箇寺　174
江戸在番　14,15,32
江戸三ヵ寺　7,22,24,27
江戸三箇寺　19,23
江戸四箇寺　2,4,12～14,35～42,45～57
江戸宿寺　29
江戸出張所　28
江 戸 城　82
江戸檀林　113,120
江戸幕府　1,10,11,18,22,24,30,32～34,82,84,86,89,90,150,165,172,174
円光大師号　116

黄 檗 宗　5,24,29
黄 檗 派　25
大坂四役者　97
御 霊 屋　88,89
御霊屋役者　89
御霊屋領　89
小田原三判役　104
表 役 所　82
御 直 末　91

か　行

廻　　状　122～124
廻　　達　121,143
街 道 筋　109
廻　　文　127～130
学　　侶　3
学 侶 方　14,15
学侶在番　3,4,15
葛 西 筋　105
金 奉 行　87
上方本山　14
関五ヵ寺　16
関三箇寺　5,7,22～24,29,31
関 三 刹　21,34
幹　　事　34,81,82
灌　　頂　60,61
灌頂執行　46
関東五ヵ寺　2,4,7,31
関東三箇寺　21
関東真言律宗　4,29,16

祈 願 所　3
偽 証 文　150
久昌寺派　6,26,29
行 人 方　14,15
行人在番　3,4
吉利支丹改め　136
金襴袈裟　156

悔　　還　48
公　　事　45,46
蔵 人 頭　62

血脈相承　46
兼　　帯　60

小池坊役者　173
講 学 場　177
江　　湖　23
甲州街道　120
甲府五カ寺　144～148,150,155,158,159
甲府六ケ寺　158
古　　義　39
古義真言　31
古義真言宗　2～4,7,11,14～16,29,90
五 畿 内　160
五区（五口）　120
国立公文書館　82

五　　山　4,17,55
五山長老　17
五 山 派　3,4,29
護持院僧録　12
御 朱 印　22,69,71,72,162,163,169
御朱印寺院　112
古　　跡　162
戸　　長　174,176
御仏殿役者　10,11,82～84,86～89
金地院僧録　17

さ　行

西 海 道　160
在　　番　3,7,15
在番屋鋪　14
座　　配　74,75
山 陰 道　160
三衣脱却　158
三号許可状　61
三 昧 流　61
山 陽 道　160

子　　院　28
支　　院　204
寺院改め　163
寺院由緒書　152
紫　　衣　118～120
直触寺院　7
直　　訴　13
直　　達　142
式 頂 戴　70
直　　弟　112
直　　触　131,133,134,159,170
直　　末　66,130,134,135,137
直末許可状　13
直 末 寺　40,41,67,91,126
寺家役者　3,11,88,89,181～198,200
寺家輪番　88
寺号許可状　134
師資相承　1
寺社行政　18,28～30,32,84,114,126,150,159
寺社奉行　1,3,8,10,12,21,30,66,77,84,86,89,90,108,112,113,120,123,124,136,141,143,149,161,164,165,172,181,203
時　　宗　5
寺　　僧　7
下 谷 筋　106
七五三祓役　36
執 奏 権　108
執　　当　3, 4, 8, 9, 59, 77～79, 173, 203～205
支　　配　111,112,114,157,163
支 配 権　108
支 配 寺　113,114
朱　　印　36,37,114
朱 印 寺　164
朱 印 状　69,72,153,154
集　　議　15
十八檀林　114
宗 門 改　27,129
宿　　寺　7,15,21,22,24,31
修　　験　38
修 験 宗　6,20
修 験 道　38
修善寺門派　21
十　　刹　55
順　　達　120
常 院 室　76
彰 義 隊　204
上　　卿　62
上座三ヵ寺　118
城　　主　126,135
浄 土 宗　2～4, 9, 20, 29, 55, 81, 84, 86, 89, 90, 92, 95, 103, 117, 121, 123, 124, 134～136, 140, 141, 143, 144, 147, 148, 150, 160, 172, 175, 176, 181
浄土宗東京事務所　109
浄土真宗　2,6,20,28,29

小本寺　95
勝劣派　3,26,27
所　化　7
所化上座　85,181
所化役者　3, 11, 81, 83, 84, 88, 89, 181～198,200
諸本寺　45
白　旗　125
白旗流　91,137
寺領安堵　32,57
新　義　39
新義真言宗　2,4,7,11～14,16,20,29, 34～36,38,42,47,51,55,57,90,173, 174
真言系　36
真言宗　4,12,49,51,52,55
真言宗新義派　2,35
真言律宗　3
新寺建立禁止　16
真　宗　7
新附支配　112
新附之末寺　113

西山流　12,108,161
遷　宮　40
善光寺如来　154,155
禅　宗　18,19,24,25,72,81
先　達　39,52

増上寺役者　9～12, 81～84, 86, 90, 108, 118, 136, 145～149, 151, 158, 159,169～171,181,199～201
増上寺役者譜年次表　181, 198, 200, 201
惣僧録所　81
曹洞宗　2,5,7,11,20～23,29,31,90
総寧寺宿寺　21
惣本山　16
惣本寺　95,108
惣門中　110
僧　録　2,16,22,35,81,137,166
惣録司　8,181,203
僧録寺　122,136
惣録所　81,178
総録所　2
僧録所　81,172
惣録所　145,146
僧録補佐　18
添　翰　127,129,131,143

た　行

大阿闍梨　60,61,70
退　役　158
大勧進　146
大師号　115
大僧録　21
大中寺宿寺　22
大徳寺派　5,20,29
大仏殿　154
大本願　153
大名領国　1
大　老　72,77
高田派　6,28
檀　林　84～86, 89, 94, 104, 106～108,112,113,124,125,142,152,156, 160,161,175,176

知恩院六役者　130,133
知恩院役者　90, 91, 93, 114, 119, 122, 136,137,139～142,163,167
智積院役者　173
朝　廷　175
長　吏　60
長　老　116～118
直　触　95,118
勅　許　115
鎮将府　173

追院処分　150
追　放　158

追放処分　68
月行事　199

出先寺院　32
鉄炮改め　114, 115, 122, 123, 139, 140, 165, 167
伝奏　60
天台系　36
天台宗　3, 4, 8, 9, 29, 59, 60, 66, 75, 78, 90, 172, 173, 175, 203, 204
伝法灌頂　69
伝馬　154

東海寺役者　20
東海道　120, 160
東京国立博物館　82
東京府　174, 175
当山　36
当山修験　36, 53
東山道　160
当山派　6
当山山伏　53
東照宮　75
東照大権現　65
同朋衆　1
棟梁寺院　18
独礼　82
年寄衆　40, 41

な　行

内閣文庫　82, 90
中郡三判役　104
中山道　120
中山派　6, 26, 29
名越　94
七組十五ヵ寺　3, 26
南海道　160

西派　6, 28, 29
日蓮宗　3, 5, 26, 27, 29
日光街道　120

年中行事　72
年番　109, 116, 118, 119, 158, 170
年番役　120

能化　112

は　行

藩主　94, 115, 125, 169, 170
伴頭　199

東派　6, 28
引込檀林　89
聖方　3, 4, 15
秘密灌頂　69
擯罰処分　145, 146, 148

深川筋　106
普化宗　5, 7
普請奉行　64
仏光寺派　6, 29
府内三箇寺　34
触口　108, 110, 161, 124
触下　7, 12, 110, 111, 114, 118, 120, 123, 125, 130～133, 139, 141～143, 157, 161～163, 168, 172, 178
触下寺院　22, 23
触流　127～129

閉門　149, 150, 158
別院　28
別廻文　130
別時念仏　145
別当　39, 61, 72, 75
別当職　59
別当大勧進　145
別触　110, 161, 164, 165, 169
別廻　132

方丈役者　10,11,83,84,86〜89
法曼流　60
法　流　40
法流伝授　39
北陸道　160
菩提寺　27,98〜101,103,104,106,107,123,125,126,139〜142,159,164,169,170,172,178
菩提所　76,122,140,166,177
法華宗　26,27
本国寺派　5,27,29
本　山　1,3,7,12,13,16,19,20,28,30,32,33,36,45,47,48,57,90,91,93,94,108,109,116,124〜128,130,135,139,142,143,146,147,151,159,161〜163,166,170,172,173
本山修験　36
本山派　6
本山役者　138
本山山伏　53
本　寺　1,45,55,76,85,94,109,110,112,120,145,172
本成寺派　6,26,27,29
本末争い　45〜48,50,55,92,150
本末改め　90〜92,94,123,134,137.139
本末関係　32,57,92,110,114
本末制度　1,92,159
本末帳　11,13,16,55〜57,89,90,92,137
本末出入　54,92
本門寺派　5,26,29

ま　行

又　末　111,137
又末寺　91,114,139
末　山　131
末　寺　1,46,47,49,50,54,55,68,75,91〜93,95,110〜114,116,122,124,135,139,142,144,148,150,162,163,167,169,178
末寺改　92
末寺頭　93
末寺証文　62,63
末　々　91
曼供導師　69

三河三ヵ寺　118
三島年番　99
三田筋　106
身延派　5,26,27,29
見　廻　10,81
妙心寺派　4,7,18,20,29
妙満寺派　6,26,29

無　住　112
無本寺　91,109,110
室町幕府　17

明治新政府　178
明暦の大火　87

木　食　15
問　者　59
門　跡　3,9,28,36,37,51〜53,61,72,73,78
門　中　109

や　行

役　者　3〜5,7〜12,34,77,82,83,85,86,93,109,118,120,123,126,145,161,164,165,168,171,172,174,175,203
役　僧　28
山　伏　36,65,66
山之手筋　106
山役者　92,138

由　緒　148
由緒書　141

由緒書上　151, 152
由緒寺院　96, 98, 100, 102, 103, 105～107, 126, 133, 146
瑜祇灌頂　69
湯殿行人　52
湯殿先達　51, 52

葉上流　60

ら ～ わ

竜穏寺宿寺　21
両　派　26
両　触　12, 109, 159～163, 170, 171
臨済宗　3, 4, 7, 17, 29, 55, 214
臨済派　18
綸　旨　95, 108
輪　番　3, 6, 7, 10, 15, 28, 82

霊　廟　82

老　中　10, 20, 63～65, 77, 120
鹿苑僧録　17
六斎念仏本寺　97
録　所　81
六役者　129, 131, 132

早稲田大学　63, 65

著者略歴
昭和十七年　埼玉県生まれ
昭和三十九年　大正大学文学部卒業
昭和四十四年　同大学院博士課程修了
　　　　　　大正大学教授・三康文化研究所研究員
　　　　　　などを経て、
現　在　□　□　大正大学名誉教授　文学博士

〔主要編著書〕
『江戸浄土宗寺院寺誌史料集成』（大東出版社）
『関東浄土宗檀林古文書選』（東洋文化出版）
『喜多院日鑑』（全一七巻、文化書院）
『近世関東仏教教団史の研究』（文化書院）
『近世浄土宗史の研究』（青史出版）
『南光坊天海発給文書集』（吉川弘文館）
『南光坊天海の研究』（青史出版）
『南光坊天海関係文書集』（青史出版）
『近世新義真言宗史の研究』（青史出版）

触頭《ふれがしら》制度《せいど》の研究

平成二十九年（二〇一七）十一月二十日　第一刷発行

著　者　宇《う》高《だか》良《よし》哲《あき》

発行者　渡　辺　清

発行所　青史出版株式会社
郵便番号一六二―〇八二五
東京都新宿区神楽坂二丁目十六番地
MSビル二〇三
電　話　〇三-五二二七-八九一九
FAX　〇三-五二二七-八九二六

印刷所　株式会社三陽社
製本所　誠製本株式会社

© UDAKA Yoshiaki, 2017. Printed in Japan
ISBN978-4-921145-61-3 C3015

宇高良哲著

南光坊天海の研究

Ａ５判・四三四頁／一〇、〇〇〇円（税別）

比叡山の復興に努め、日光輪王寺や上野寛永寺の建立に尽力するなど、天台僧としての活躍とともに、徳川家康の知遇を得て江戸幕府の政務にも関わり、また家康の臨終に立ち会った天海の全貌を明らかにする。特に、現在に多数伝わる発給古文書の真偽を検討して真筆を見極め、その成果をもとに一〇八歳という長寿を全うしたと伝わる謎多い天海の実像と多彩な活動を明らかにする。

青史出版

近世浄土宗史の研究

宇高良哲著

Ａ５判・七一〇頁／一三、〇〇〇円（税別）

戦国期から江戸時代にかけての関東仏教教団の宗教政策の解明を目指してきた著者が、これまで著してきた浄土宗史にかかわる論考を集成。檀林制度、本末関係、触頭、日蓮宗との宗論、観智国師と南光坊天海など、多岐にわたる諸問題を史料に基づいて究明する。書き下ろし新稿も含めた近世浄土宗史研究の決定版。

青史出版

近世新義真言宗史の研究

宇高良哲著

A5判・四八四頁／一〇、〇〇〇円(税別)

覚鑁・頼瑜・聖憲・専誉・元瑜と伝わる真言宗の流れは、江戸時代には「新義真言宗」と呼ばれ、高野山などの古義真言宗と区別して考えられた。本書は、主として江戸幕府の宗教政策上生まれた新義真言宗の実態を究明する。特に、本末制度や触頭制度など、江戸幕府の支配統制上の諸問題を、寺院史料の精力的な調査に基づいて追究する。

青史出版